才女书系

上官婉儿
和她的大唐

烟霞问讯　风月相知

寇研　著

中州古籍出版社

图书在版编目（CIP）数据

上官婉儿和她的大唐：烟霞问讯，风月相知／寇研著.
—郑州：中州古籍出版社，2019.5（2021.3重印）
（才女书系）
ISBN 978-7-5348-8570-9

Ⅰ.①上… Ⅱ.①寇… Ⅲ.①上官婉儿（664～710）—
传记 Ⅳ.①K825.6

中国版本图书馆CIP数据核字（2019）第062945号

选题策划：梁瑞霞
责任编辑：梁瑞霞
责任校对：张　玲
装帧设计：曾晶晶

出版发行　**中州古籍出版社**
　　　　　地址：河南省郑州市郑东新区祥盛街27号6层
　　　　　邮编：450016
　　　　　电话：0371-65788693
经　　销　新华书店
印　　刷　河南瑞之光印刷股份有限公司
版　　次　2019年5月第1版
印　　次　2021年3月第2次印刷
开　　本　640毫米×960毫米　1/16
印　　张　15印张
字　　数　150千字
定　　价　39.80元

前言

如果必须用一句话概括上官婉儿的人生，我会选择这一句：成王败寇，愿赌服输！

对。这通常是形容英雄或枭雄的，总之性别为雄，与女性无关。历史上的名女人，一般有两个名字，一种叫美女，一种叫才女。前者的人生我不懂。而后者，流传下来的故事，大都不乏两个套路，即才女的爱情和才女的才。其中，爱情是主线。

在这条主线的统摄下，才女的人生被解读为：爱的萌动、波折以及失败（失败为主）。一个才女浩然、复杂的一生，被浓缩为一部爱情故事。当然在这类爱情故事中，也有章法可循。她们仍然是柔弱的，如宋词里的女性那般的幽怨、多情。她们也仍然是被动的、等待的，或者任何稍微主动的争取都要裹上被动的外衣。从古至今，世事变换，不同时代的思想多有争锋，然而，这种流行的女性审美，依旧是我们喜闻乐见的。

再说才女的才。她们的才，又往往是服务于爱情的，也即服务于男人。古代才子之才，可以卖与帝王家，做晋升之用，甚至变现。而才女之才，则应该是人生点缀，是锦上添花，是主营爱情之外的意外惊喜。因此，与累累才子比，才女能够以才自拔，以至青史留名，其命运常常会是悲剧。但事实上，一个能够在数千年浩瀚历史中留下自己名字的女性，真的是为爱情生为爱情死的傻白甜？

才子建功立业，攀附功名，历来被认为是正途。而女性，若也懂得经营自己的"才"，步步为营，想在名利场大展身手，通常会被认为是女祸，是搅弄风云、影响历史正统的妖孽，是不本分的荡妇。比如上官婉儿。

历史上的上官婉儿，为人津津乐道的恐怕是"淫乱"。《新唐书》《旧唐书》两篇《上官昭容传》，统共两千字不到，却都盖棺论定地提及上官婉儿的两则绯闻：即"与武三思淫乱"，"又通于吏部侍郎崔湜"。"淫乱"和"通"，这便是正史赋予上官婉儿政治生涯的解读基调。

《新唐书》《旧唐书》两篇传记，开篇点明：上官昭容，名婉儿。谁都不能质疑，上官婉儿，是一个真实的名字。而与她同时代的那批著名女性，如武则天、太平公主、韦后等，历史学者们久经求索，却也无法准确获知她们的闺名。无论某皇后还是某公主，都不是其真实的名字，都是男权社会所给予、承认的身份标识。也就是说，当这批著名女性企图在铜墙铁壁的男权统治中分一杯羹时，她们的起点，她们的资源，正是男权社会给予的身份认可。

比如武则天。从永徽六年（655）成为皇后到天授元年（690）最终称帝，武则天前后用了约三十年的时间与太子们周旋。与历任太子、傀儡皇帝的斗法，是一个过渡、一个缓冲。在此期间，武则天完成了最终君临天下所需的所有政治储备。在这漫长的三十年里，武则天的地位没有遭遇过严重的危机。她的执政才能当然不容质疑，但一个不能忽略的重要凭借，仍然是她乃皇后、太子之母这一身份。这个身份是她异常重要的政治资本。

太平公主的身世更是显赫。父母皆当过皇帝，两个哥哥也曾是皇帝，她是大唐最受宠爱的公主，又是则天朝炙手可热的武家媳妇。简言之，不管则天当朝，还是神龙政变后她哥哥李显当皇帝，太平公主所有的政治资源，皆来自父权给予她的身份——大唐公主、武家媳妇。这既是起点，也是终极资本。

上官婉儿不同。在襁褓中时家族被灭，自己与母亲没入掖庭，成为女奴。若说家世是一个人成长最初的根基，她的，就此切断。十三岁时，上官婉儿作为高宗才人，被召入后宫。这与高宗没什么关系，是武后所为。武后看上她的才能，给了她一个名正言顺留在宫里的名分。神龙政变后，上官婉儿再次成为中宗之妃。但经学者们考证，这又只是名义上的皇帝之妃，是中宗夫妇为方便她的工作安排的。

不论皇后还是公主，这些身份都是在父系社会的制度上产生的，是归宿，也是资源。这些，上官婉儿全部没有，没有父家，没有真正意义上的夫家，终生未育，更没有母以子贵的可能。因之可说唐一代那批著名的与男权争锋的女性中，只有她才是真正的闯入者。

只有上官婉儿，是一个真实的名字。

这也是上官婉儿悲剧的源头。在家天下、血缘至上的时代，上官婉儿没有机会开枝散叶，就没有机会培植以自己为核心的政治力量。她只能选择依附，依附武则天、韦后，或者太平公主。但她没有男权社会赋予的身份保护，也从来没有得到外廷官员系统的认可。数次宫廷政变，她险中求生，全凭自己的判断力和政治经验。她依靠自己的才智，达至人生巅峰，以至成为"巾帼宰相"。

上官婉儿热衷权力，追逐权力，最终又毁灭在这条路上。上官婉儿的一生，没有才子佳人式的爱情，没有子嗣，最后也未能寿终正寝。从掖庭起步，在政治的、人生的血雨腥风中，她依照自己的意愿，度过了一生。我相信，自她踏上实现自己命运的征途，她自然清楚，也接受：成王败寇，愿赌服输！

恺撒有句名言："我来，我见，我征服！"那是属于征服者的名言，属于男性的名言。在皇权、男权鼎盛的几千年中，武则天的人生，是天时地利人和的奇迹，又是不可复制的。上官婉儿的人生格言只能是：我来，我来过！

我来，我来过。无畏。无憾。

目 录

上官婉儿和她的大唐：烟霞问讯，风月相知

第一章

皇帝家务事

逐仙赏，

展幽情，

逾昆阆，

迈蓬瀛。

——《流杯池》之一

流杯池，一种曲形水池，唐时豪门贵族多于花园中修建此池，作宴饮用，意即"曲水流觞"。众人围坐池边，盛有佳酿的酒杯置于流水之上，任其顺水漂流，酒杯在谁跟前停驻，便该谁饮尽杯中酒，并当场赋诗一首。

长宁公主，唐中宗与韦皇后之女，也是安乐公主的姐姐。长宁公主府中有三重楼和流杯池，皇帝和皇后多次亲临，当然，上官婉儿也陪侍左右。

景龙四年（710），上官婉儿随唐中宗最后一次游长宁公主府邸，在流杯池前，饮酒赋诗。其时为四月，晚春。六月初，中宗暴崩。六月二十日，唐隆政变爆发，上官婉儿被临淄王李隆基斩于旗下，终年四十七岁。

曲水流觞。二十五杯酒，二十五首诗。酒和诗，诗应酒。诗酒的辉映、交融中，看大唐才女上官婉儿的一生。大落大起，波澜壮阔。恰似她人生的观照，铿锵有致，不输丈夫。

昆阆，指昆冈、阆苑，仙家居所，古诗文中常喻贵胄宅邸，赞其华美。蓬瀛，蓬莱、瀛洲的并称，二者都为传说中的神山，屹立于渤海之中。

越阆苑、昆冈，迈蓬莱、瀛洲，府邸仙境在眼前逐次展开，幽情诗意便也渐次绽放。值得注意的是四个动词：逐、展、逾、迈，简练、果断，掷地有声，自有一种气象与风云，这也是《游长宁公主流杯池二十五首》这组山水诗共有的基调。

从掖庭罪臣之后，跃为中宗朝有"巾帼宰相"之称的昭容，执掌诰命，起草诏书，回望前尘往事，可谓沧海桑田。

大风起于青蘋之末，谁也不曾想，上官婉儿不同于平常女性的人生史诗，竟始于一场家务事。

664年的废后风波

七世纪中叶，一个初秋清晨，上官仪上朝途中，沿东都洛堤策马缓行。其时天色将明未明，圆月高悬，银辉倾泻，远处群山逶迤，鸟鹊身影蹁跹，月光下的江水波光粼粼，一派天地清宁的初秋之景。又偶有一两声蝉鸣掠过，虽不复盛夏的噪亮，声线依然清越，给这寂静添了些许生机与野趣。上官仪萌生诗意，赋诗《入朝洛堤步月》。

> 脉脉广川流，驱马历长洲。
> 鹊飞山月曙，蝉噪野风秋。

此诗传开，一时又成文坛佳话，为时人仿效。长安人的印象里，朗朗月光下，清秋曙色中，马背上的大才子上官仪捻须吟诗，其风流俊朗、仙风道骨，正应了上官仪引领的宫廷诗歌潮流"上官体"的绮错婉媚。有贵族气，又不乏萧萧林下风。此时节，上官仪官拜西台侍郎，是高宗跟前的红人，也颇受武后赏识。

当年，父亲上官弘为政敌所杀，上官仪躲进寺庙，才逃过一劫。每日勤奋苦读，只为有机会赚取一份前程。贞观元年（627），上官仪果然高中进士，为太宗赏识，授弘文馆直学士，累迁秘书郎，从此平步青云。那个初秋的清晨，正乃他风光无限好时。只是，恐怕月光下信步的上官仪也未曾想到，这份闲情逸致，在不久的将来，便会遭到飓风的袭击。

宦官王伏胜密报高宗，武后私请道士入宫，行厌胜之术。

依唐律，一切人等不允参与巫术"魇盅畜毒"，这是被明文列为不能赦免的"十恶"之一。永徽年间，武昭仪在扳倒王皇后的斗争中就曾用过这个策略，可见巫盅术常常为人利用，成为后宫风云中打击对手的惯常手段。

告密宦官王伏胜，来自武后的死对头废太子李忠的府邸。在此之前，武后强有力的支持者李义府，两度遭到高宗贬谪，于是，武后的政敌、前太子的支持者们，嗅到风里的讯息，认定高宗对武后的支持者下手，表明他正在对武后失去耐心，也许武后将要失势，于是磨刀霍霍，指使王伏胜告密，誓将武后一党一网打尽。

高宗似乎确有惩戒武后的打算。这位被武后请进宫的道士他并不陌生，应该说还颇为熟悉。

道士，姓郭名士真，显庆六年（661）初，曾赴泰山祭祀，替高宗与武后祈福，立一块双石并立的碑，名曰鸳鸯碑，见证两人童话般的爱情。转眼三年过去，高宗想要惩戒爱情童话的女主角，童话的见证者摇身变成了替罪羊。

可是，究竟要做到哪一步，向来优柔寡断的高宗，并没有明确的思路，他召来宰相上官仪商议。

上官仪，从太宗朝一路走来，亲见先帝为高宗选拔的得力助手长孙无忌、褚遂良等陆续遭到武后迫害，本就对武后多有不满，现在遇到这个扭转乾坤的好时机，他激情澎湃，慷慨陈词："皇后专恣，海内失望，宜废之以顺民心。"（《新唐书·上官仪传》）受到宰相激励，高宗似也下定了决心，命上官仪起草废黜武后的诏书。

可武后埋于高宗身边的眼线，早已展开行动，《资治通鉴》载，"左右奔告于后"。武后收到情报，当机立断，迅速冲往御书房。废后诏书静静展于桌面，墨汁尚未干透。武后于幽幽墨香中嗅到惊心动魄的对决。

命运一声"咔"，生死就只在此一瞬的攫夺。武后声泪俱下，哀哀哭诉。

具体内容无考，但高宗因此突然无措，"羞缩不忍"。既是"羞缩"，恐不单是内疚。有学者从高宗前后态度的大转变推测，武后哭诉内容应为夫妻间的床笫隐私，意即武后说自己是为"房中术"请教道士。这似乎戳到了高宗软肋。高宗自知理亏，慌乱之余，将责任一股脑儿推到了上官仪身上：

"我初无此心，皆上官仪教我。"唐高宗道。

此话一出，上官一家万劫不复。

上官家的劫难

后来史家提及此段历史，均难掩唏嘘之情。家天下时代，身为人臣，须具备的一项特殊技能，便是在朝廷政事与皇帝家务事中腾挪周旋。时而归于政务，时而归于家务，需要审时度势，拿捏好分寸，随时根据剧情变换角色。

比如在永徽年间"废王立武"的风暴中，英国公李勣就做得很到位。王皇后与武昭仪各自的拥护者据理力争，僵持不下，高宗照例心里没谱，便召来赫赫有名的开国元勋、正一品司空李勣商议，探其口风："朕欲立武昭仪为后，遂良固执以为不可。遂良既顾命大臣，事当且已乎？"既然顾命大臣褚遂良都坚决反对，这件事是不是断无可行之法？李勣揣摩高宗意图，适时转换角色，从臣属陡变为"宁拆十座庙，不毁一门亲"的邻家老好人。

李老谓高宗："此陛下家事，何必更问外人！"堂堂英国公、位列凌烟阁二十四功臣之一的李勣都这般说，僵局便立即被打破。后来，"陛下家事"再得到武后的铁杆粉丝许敬宗的进一步发挥："田舍翁多收十斛麦，尚欲易妇；况天子欲立后，何豫诸人事而妄生异议乎！"（《资治通鉴》）小户人家的主人发了点财都想换个妻子，堂堂天子想换个皇后究竟有何不可？话已说到这分上，朝堂上大多数臣僚只好选择沉默。

除了揣摩圣意，臣属还必须拎得清，对皇帝夫妻枕畔的温柔风时刻保持警醒。这风虽缠绵旖旎，却绝对是一股不可小觑的洪荒之力，有时候赛过千军万马或朝堂的成规条例。

当年隋文帝的爱将高颎，也曾栽在了这个"拎不清"。隋文帝杨坚的独孤皇后和高颎两家，原本是亲密世交，两人从小往来频繁，算得上青梅竹马。高颎在杨坚夺取皇位的过程中立下了汗马功劳，因之颇受皇帝夫妇器重，礼遇有加。局势转折缘于一位美少女。

杨坚看上手下败将尉迟迥的孙女，与之偷情被独孤皇后发现，皇后盛怒，毒死少女。杨坚虽痛心，却不敢派皇后的不是，于是自己骑马冲出皇宫，狂奔而去。高颎也骑马追上，苦劝皇帝息怒。杨坚满腹委屈："吾贵为天子，而不得自由！"（《隋书》）高颎脑袋发热，自认无妨来一场"男人间"的对话，便劝皇帝以天下为重，犯不着为"一妇人"生这么大的气。杨坚觉得在理，遂整理心情，与皇后和好如初。

久之，不知某日，皇后无意中从杨坚处获悉，高颎竟贬低她堂堂一国之母是"一妇人"。她对此耿耿于怀,念念不忘。

念念不忘,必有回响。嫌隙生根,才有后来高颎的结局:隋开皇十八年(598),高颎领军征伐高丽失败,独孤皇后在皇帝那里吹了吹枕边风,说他是故意为之,高颎终被免官,而且至死都没得到宽宥。学者葛承雍就此评论道:"君臣上下的友谊远远不同于世俗友谊那样互怀暖流而永久不衰,夫妻的枕边风更使外人的'瞎掺合'自讨苦吃。"(《女性与盛唐气象》)

上官仪自贞观元年(627)登进士第,为官三十多载,不乏文士的耿介衷肠,崇尚正统的儒家情怀,奉"男尊女卑"为圭臬,也如高颎般小觑枕边风的威力。

上官仪废后无果,随即遭到武后势力的反扑。武后施展她惯有的一箭双雕的手腕,授意许敬宗诬告上官仪、王伏胜与废太子李忠暗中勾结,意欲作乱。很快,前太子李忠被赐死,上官仪与儿子上官庭芝伏诛。上官庭芝正是上官婉儿的父亲。

这一年,是唐高宗麟德元年(664),上官婉儿刚出生不久。民间盛传,上官婉儿之母郑氏生产前,曾有大神托梦,说她的孩儿将来会"称量天下"。若真有其梦,许多年后因为上官婉儿的作为而母以女贵,被赐封为沛国夫人的郑氏,回望这一年,家族瞬间倾没,自己与女儿从贵族的浮华云端跌进掖庭为奴的深渊,不知会有怎样的感喟。

这一年,上官仪伏诛,废后计划流产。武后将计就计,借此良机铲除政敌,摄政计划也往前迈了一大步,这即有了历史上的"二圣临朝"。武后将偶一为之的垂帘听政变成了常规,将反对党清洗殆尽，地位日益稳固。《资治通鉴》载："自是上每视事，则后垂帘于后，政无大小，皆与闻之。天下大权，悉归中宫，黜陟杀生，决于其口，天子拱手而已，中外谓之二圣。"武后也更加认识到监控高宗的重要性，因此"在夫妻矛盾摩擦风波中险些翻船的武则天，自事情平息后的二十年里，再没有发生大的裂痕。两个政治人物又是一对夫妻之间建立了一种新的平衡与和谐"（《女性与盛唐气象》）。

而这一切对高宗而言，是多年忍气吞声后的反抗无果，废后无望，继而，只有更多年的忍气吞声。

忍气吞声的皇帝

高宗李治，为唐太宗第九子、长孙皇后的幼子，素来身体羸弱，秉性柔和，史称"仁懦"，本来并不是未来皇帝的热门候选人。李治被立为太子，继而在太极殿顺利即位，实乃鹬蚌相争，渔人得利——想必都在李治自己的预料之外。

曾经的玄武门政变，是悬在太宗头顶的一把利剑，午夜梦回时分，那同根相煎的梦魇，手足临死逐渐散光的瞳孔，还有自己与父亲高祖李渊至死都未能弥合的深重裂痕，时时在内心掀起惊涛骇浪，以至于对儿子们觊觎皇位的角逐，总有些惊弓之鸟的意味。

然，太子李承乾与魏王李泰之间的明争暗斗，已呈胶着之势。李承乾虽贵为太子，却患有足疾，于储君仪表而言，实在有些不便，又屡屡传出他与宫中小子厮混的秽闻，朝臣间对他的呼声并不高。魏王李泰，本就文采风流，聪敏绝伦，有储君风范，此时更是乘势而起，模仿父亲当年在府邸设置文学馆，招贤纳士，所编之书《括地志》，广涉政治、军事、经济等国家生计，且颇有见地。太宗不由得对他青睐有加，宠禄日盛。

玄武门兵变的噩梦不只在太宗心间浮荡，也是家族成员们的诅咒。眼见魏王坐大，李承乾唯恐自己成为第二个李建成，决意先下手为强。贞观十六年（642），李承乾勾结一干人等，行刺胞弟李泰。事败。

依朝堂成例，该是太子李承乾遭废黜，魏王李泰顺势上位。

太宗毕竟是了解自己儿子的，魏王李泰最得他宠爱，或许便也因为诸多皇子中，他最有自己当年的王霸之气。然，太宗雄才大略一生，值桑榆晚照之年，倒变得儿女情长起来，现在魏王的野心，只会令他恐惧。

《旧唐书》载，太宗谓群臣：“泰立，承乾、晋王皆不存，晋王立，泰共承乾可无恙也。”晋王，即李治。李泰或许会是一个好皇帝，但他知道，李泰势必也会像当年的自己，为绝后患，将兄弟全家老小逐一铲除。作为父亲，为保全孩子们手足情谊与家族和平，太宗能够想到的唯一途径，便是立秉性庸懦的李治为储君。

手足相残的人间惨剧确没再演，可李治身体的柔弱、性格的懦弱、对政事的倦怠，也是有目共睹的。

只是，当年的太宗似乎也没有更多的选择了。

临终，为保全李唐江山，太宗托孤，安排自己信任的长孙无忌、褚遂良等为顾命大臣，辅佐年轻的皇上。

永徽年间，在武则天冲击后位的斗争中，长孙无忌、褚遂良作为强硬的反对派，已遭武则天清算，现在，上官仪在这场著名的皇帝家务事中，家族亦被灭门。至此，太宗朝荣宠无限的勋贵们，均遭到当年后宫一个不起眼的小小才人的迫害，太宗若泉下有知，不知会作何感想。

风起于青蘋之末，飓风过处，无辜者亦遭涂炭。唐高宗麟德元年（664），襁褓中的上官婉儿，随母没入掖庭为奴。

第二章
掖庭女奴

暂尔游山第，

淹留惜未归。

霞窗明月满，

涧户白云飞。

书引藤为架，

人将薜作衣。

此真攀玩所，

临睨赏光辉。

——《流杯池》之二

暂尔，一段很短的时间。薜作衣，以花叶树枝做成的衣服，此处形容隐士。离开都市，住在乡野茅屋，晚赏明月满窗，早观白云飞渡。诗书有藤蔓作架，着衣便模仿隐士以花叶覆身，或攀玩，或静思，或登高赏景，真乃一种极致的享受。

一首五言小诗，写避开俗世喧嚣躲进乡野的好心情，其韵致能看出得自"上官体"的真传，对仗工整，清丽婉媚，还带些微俏皮。但，"上官体"通常精于描摹形容，囿于雅致，流于颓靡，华丽有余，气象不足。本诗略有不同，看这一联"霞窗明月满，涧户白云飞"，视野由乡野茅窗拓到天地山川间，意境呈辽远之势，读之不禁神气清爽。句末喜置动词，如"满""飞"，是上官婉儿诗歌的一个特点，动态毕现，又陡然收住，隐士诗情似也传达出一种阔达的气魄。

美国汉学家宇文所安称上官婉儿为"假日隐士"，他说："710年上官婉儿造访长宁公主庄园的时候，她甚至忘情其中：她赋诗时'仿佛'是一个寄迹自然的隐士，其诗风也发生了变化。"所谓"诗风的变化"，当是与她大气磅礴的应制诗比较。山水诗里的上官婉儿是一个中性的隐士，而她的隐士风的山水，当然也是贵族式的，并非一个樵夫眼里的寻常风景。这让人想起流行的一句话："我奋斗了十八年，才能和你坐在一起喝咖啡。"与当朝皇帝一起饮酒赋诗，微醺处，遥想当年掖庭岁月，也会有此般体会吧。

掖庭岁月

掖庭，也称掖庭宫，为皇宫中的旁舍，是宫女、妃嫔居住的地方，同时，作为关押罪臣女性家属的处所，某种程度上也具备女子监狱的性质。掖庭宫古已有之，不过秦代和汉初称永巷，戚夫人的《永巷歌》就是她被关押永巷时所作，到汉武帝时才更名为掖庭。唐一代，对罪臣女眷的处置方式分两种，有技艺的收入掖庭，其余的只能发配到司农寺干粗活。郑氏母女出自书香门第，当然是被收在掖庭宫的。

据载，唐代掖庭宫设有文学馆、习艺馆之类的学习组织，专门聘请儒生当老师，负责女孩儿的基础学习，如经史子集、琴棋书画、往来书信应答等宫廷礼仪。上官婉儿在此度过悠悠数年，其间没有任何资料留下，她在掖庭的童年、少女时代，想来只能依据仅有的史料推测了。成长于掖庭，不论习艺馆的学习，还是日常生活里种种处境的应对，上官婉儿该是从中习得了基本的艺术知识、待人接物的常识以及后宫生存指南。

帝制时代，动辄株连的政治清洗中，如上官婉儿这般自幼就没入掖庭的贵族女性一定不在少数，但历史千载，最终能走出掖庭并流传千古的，只有区区几人而已。可见仅在习艺馆按部就班地学习，绝然不是一个女孩儿成长为才女的首要条件。

上官婉儿的母亲郑氏，《新唐书·上官昭容传》提及一句，"母郑，太常少卿休远之姊"，其他无考。以上官仪的家世地位——文坛领袖、官拜西台侍郎，能成为他家儿媳，想必也一定是出身于根深叶大、学养深厚的门第。

漫漫掖庭生涯，绝不能忽视郑氏对女儿的教诲。血液里流淌着遗传自上官家族的才华，自幼研读祖父上官仪的诗文，再加上母亲的教导，这一切终使上官婉儿在十来岁的年纪便在宫内诗名鹊起，连皇后都有耳闻。

但上官婉儿终能以才自拔，绝不仅仅倚赖诗才，还有最重要的一点：上官婉儿与她先辈一样拥有强烈的出人头地的热望。纵观上官家族的命运，几乎历代都有人在宦海浮沉，在历史上留下姓名的就有好几位，如汉武帝时期的上官桀，隋炀帝时期的上官弘，太宗、高宗时期的上官仪。上官婉儿虽为女儿身，但她对政事有着天然的兴趣，却也可谓得自家族的真传。

后宫从来都是秘闻扎堆的地方，亦真亦假，半暗半明，长舌宫女能从中找到饭后谈资，有心者亦能穿越重重迷雾追溯到政治风向的转变，上官婉儿该是从这些八卦秘闻中磨炼出最基本的政治素养，因之才有《旧唐书·上官昭容》载其"及长，有文词，明习吏事"。自古有文采的才女多见，而有文采又像男人那般"明习吏事"的才女，并不寻常。也只有具备这样的潜质，才可能在从天而降、却绝无仅有的一次面试机会中征服武后。

统览上官婉儿的人生历程，掖庭宫的罪奴岁月里，母亲郑氏做得最好的一点，是没有幼稚地向女儿灌输家族的灭门仇恨。不过更可能的状况也许应该是，生存形势之严酷，精神承受之高压，使郑氏铭记血海深仇的劲头全然消磨掉。相依为命的母女，每一天的盼望便是平安，活下去。在一个罪臣女眷生存的处所，一定和其他任何监狱一样，藏污纳垢，充满各种欺凌、侮辱与交易，那一切都是常人难以想象的。

一个显明的例子。咸亨二年（671）某一天，武后长子李弘心血来潮，在宫里到处闲逛，晃悠悠走到了掖庭宫。李弘偶遇被囚在此的两位同父异母的姐姐，即萧淑妃的两个女儿义阳公主和宣城公主。因为长期幽禁，日日生活在恐惧、禁闭里，义阳、宣城早无公主风范，据说表情几近痴呆，连话都无法讲清了。《资治通鉴》载，心底仁善的太子李弘，"见之惊恻"，顾不得会冒犯母后威仪，立即奏请父皇，请求将两位姐姐出嫁，过正常人的生活。

连堂堂公主的待遇都不过如此，掖庭里普通女眷的生存状态更可想而知。

无论如何，悠悠岁月，上官婉儿终于在此平安长大。而掖庭外的世界，从麟德元年（664）至仪凤元年（676），却是朝夕之间风云变幻。那不仅是武后要争锋的天下，也是上官婉儿将来要参与辅佐的天下。她们的命运注定是绑在一起的，武则天的历史，也是上官婉儿的历史。因之，上官婉儿隐匿掖庭的岁月，正史资料无从寻觅其踪迹，只得借武后这一时期的政治活动，一窥上官婉儿即将厕身其中的历史空间的酝酿与发酵。

武后攻略

永徽元年（650）五月，太宗周年纪念，高宗李治去感业寺行香悼念，偶遇曾与自己种下私情的武媚娘。时间仅隔一年，却已是沧海桑田，一位贵为皇帝，一位芳华正好却只能与青灯古佛为伴。两人相看泫然，无语凝噎，《唐会要》载，"上因忌日行香见之，武氏泣,上亦潸然"。王皇后获悉,随即暗中派人将武媚娘接回宫里,以图牵制当时宠冠后宫的萧淑妃。

十四岁进宫,寂寂十余年,又流落尼庵,这次再度进宫,武媚娘的人生进入了快车道。不到一年的时间里,晋位昭仪;永徽三年(652)生下长子李弘;永徽六年(655)取代王皇后成为母仪天下的新皇后,此时的武后可说是抵达了传统女性人生赢家的至高点。至麟德元年(664)上官婉儿出生时,武后已经做了近十年的皇后,并曾在高宗生病期间代理朝政。她初尝权力的滋味,同时又为性别所困,权力的巅峰看似近在眼前,实则相距遥远。

而高宗与上官仪策划的废后事件又让武后猛醒。虽贵为皇后、太子之母,可谓一人之下万人之上,然,在瞬息万变的后宫,她的名分、地位仍然得仰仗那位高高在上的天子的好恶。前三十余年的命运皆攥在别人手心——小时候讨好同父异母的哥哥们,初入宫苦练书法讨好先帝太宗,先帝驾崩导致自己流落尼庵,重返后宫又得讨好高宗、皇后和各品级嫔妃,待取代王皇后成为后宫之主,似乎终于可以喘口气了,可是,若那一天自己的情报网络稍稍出现差池,恐怕下场也像王皇后一般。

逆水行舟,不进则退。

武后发起了对帝位的进攻。在许敬宗诬告废太子李忠与上官仪谋逆前,武后已在上一轮清洗中,将曾经反对自己的一批老臣褚遂良、长孙无忌等逐一清洗。至废后事件,又剪除时任宰相的上官仪及其支持者,并赐死废太子李忠,其时武后的反对党清除殆尽,统治更加公开化,二圣临朝成为常态。武后隐在帘后,监听高宗处理每件细务,此即所谓"天下大权,悉归中宫,黜陟杀生,决于其口，天子垂拱而已"。

但是，仅在帘后左右朝政，已无法满足武后野心，她要做的是在天下人面前露脸，让天下人习惯、接纳她的存在。麟德二年（665），武后怂恿唐高宗封禅泰山。这项高规格的盛大典礼，意在祭祀天地，宣扬自己的丰功伟绩，并祈求天神、地祇的保佑。规模如此隆重旨在自我表彰的祭祀活动，历史上自秦始皇起只举行过六次。太宗李世民在世时曾两度想要封禅，后都因故取消。

高宗麟德年间国力强盛、物阜民丰，史谓"是时频岁丰稔，斗米至五钱，豆麦不列于市。议者以为古来帝王封禅，未有若斯之盛者也"。此种背景下，高宗封禅泰山似也顺理成章。但与以往封禅不同的是，武后要求更改祭祀典礼中皇帝为初献、公卿为亚献的传统，自己取公卿而代之，作为亚献在典礼中亮相，行"酹酒、实俎豆、登歌"等仪式，成功地把一个最高级别的国家典礼，变成了自己隆重登场的舞台。

自显庆五年（660）高宗染上风疾以来，身体便未真正好转，终年缠绵病榻，还屡次出现险情。其间，每有不适，太子李弘便奉诏监国。太子府因之积累了一批重要官员，以辅佐太子理政。

咸亨四年（673），高宗安排太子完婚。用意非常明显，一旦自己病情急转，长大成人的太子随时可继承大统。这样一来，唐朝将迎来新一任年轻又健康的帝君，皇后便再无理由监理朝政，即使雄心万丈，她也只能安居后宫、颐养天年了。

时不我待，留给武后的时间不多了。

武后更加深入地参与并左右朝政，提出所谓"建言十二事"，出台一系列政策，如劝农桑、薄赋徭、息兵、以道德化天下、广言路等，公开广泛笼络人心。这些政策的效用颇具争议，有说是得到老百姓的衷心拥护，又有说"只是以泛泛之论来处理那些长期存在的问题"（《剑桥中国隋唐史》），没有实质性作用，旨在赢得民心而已。不过引人瞩目的是，武后建议若双亲去世，子女都该服丧三年，而不是从前的为父服丧三年、为母服丧仅一年。学者认为这条政策意在提高母权，为高宗宾天做准备。即便在维持现状的情形下，武后也要确保对儿子的绝对权威。

许敬宗，这位武后最忠实的支持者终于退休，一时造成武后身边人手短缺。在冲击帝位的战斗中，武后虽不断深入参与朝政，但身为皇后，碍于身份制约，权力的行使终究只能通过高宗和朝廷才能合法化。若没有许敬宗这样的得力助手在外廷观察风向，武后难免被掣肘。而此时，太子府人才济济，天下贤能之士皆被其收入囊中，其实力不是一个后宫皇后所能抗衡的。因此，武后开始暗中培植自己的亲信党羽。

先帝太宗当年身为秦王时，广泛罗致人才，招纳秦府十八学士，以编撰为名，组建自己的智囊团。武后效仿这一做法，也以修撰为名招贤纳士。这批文士"替皇后起草奏折，决定政策，批复文牍，起到了中书门下宰相们的职责"（《女性与盛唐气象》），他们大都被认为是武后的心腹，一有机会就被安插在外廷，分割宰相班子的权力。当时朝臣上朝都走南门，这些学士因在禁中办公，不得从南门出入，武后特许从宫城北门进出，因之史称"北门学士"。

至上元元年（674），武后做皇后近二十年、二圣临朝也十年了。

这一年八月，朝廷正式宣布，皇帝改称"天帝"，皇后称"天后"，"这是中国历史上第一次夫妻双双使用的庄严称号"（《女性与盛唐气象》），也是绝无仅有的一次，武后朝她心目中的至尊宝座又迈出了一大步。同时，武后也扩充了亲信培植的范围。仅北门学士已无法满足她的政治需求，她急需在宫内建立一个私人秘书班子。

一个女孩儿的名字落入武后的眼里。

婉儿初长成

时光永是流逝。

从"婉儿时在襁褓，随母配入掖庭"（《旧唐书》），隐匿数载，到再次在史书中出现，十三个春秋已然过去，上官婉儿已经成长为一个小小少女。十三岁的上官婉儿是什么模样？史书对其容貌未着一字，无从判断。但能约略想来，能在高宗及后来的中宗后宫为自己博得一席之地，容貌上，定然也有出众之处。

唐时女性平均婚龄为十七岁，十六岁即为"及笄之年"，意谓用簪子绾起头发，待字闺中。若生在寻常家庭，十三岁的年纪，尚在无忧无虑的年纪，此时的上官婉儿想必是读诗写诗，跟着母亲学做些女红，偶尔也做做少女的幻梦。但她作为在掖庭宫中煎熬着的一个小小女奴，非自由身，处处受到辖制，纸笔的获得想必也是分外艰难的。因而，这一时期的上官婉儿，没有一首诗留下，世人无从窥测这十三载的监禁会在一个少女身上烙下怎样的印记。

又若，上官婉儿只是掖庭宫的一名普通宫女，或许也还可以奢望，时机成熟，成为被掖庭局遣散出宫的幸运儿，再幸运地寻到一个老实本分的年轻人，结婚生子，从此安安稳稳一辈子。《本事诗》便载有这样一则"佳话"。玄宗开元年间，掖庭宫人负责为边防士兵制作棉衣。有一名士兵在分给自己的衣服里，翻出一首诗：

> 沙场征戍客，寒苦若为眠。
>
> 战袍经手作，知落阿谁边。
>
> 蓄意多添线，含情更着绵。
>
> 今生已过也，结取后身缘。

此事传到玄宗处，下令宫中盘查。待找到这位写诗的宫女，玄宗悯其情，破例将她许给那位与之有缘的士兵。

对罪臣之后，依唐律，"奴婢贱人，律比畜产"，奴婢俨然牲畜，没有人身自由，像上官婉儿这类年轻貌美的女奴，最常见的出路，无非是作为礼物赏赐给某位王公大臣，或生或死都看主人高兴。只有极少数的女奴能够被皇帝看上，一跃而为后宫嫔妃。挣得这份上天眷顾的，不过寥寥数人。而能得到从来视年轻貌美的女子为天然仇敌的皇后的垂青，唐一代，怕只有上官婉儿了。

唐高宗仪凤元年（676），某日，上官婉儿得武后召见，命作文。《新唐书》载，"有所制作，若素构"，诗文须臾而成，且文采斐然，仿佛构思了一夜才得。现存《题咏双头牡丹残句》，相传即为当时所作。

势如连璧友，心似臭兰人。

连璧，并列在一起的两块玉，语出《晋书·夏侯湛传》，夏侯湛"美容观，与潘岳友善，每行止，同舆接茵，京都谓之连璧"。夏侯湛为西晋文学家，容貌俊秀，与潘岳友善，时常出入同行，不离左右，人们形容两人为连璧。此处喻双头牡丹的姿态如同夏侯湛与潘岳连璧般的情谊。臭，同"嗅"。嗅兰人，谓轻嗅兰花的高洁之士，喻夏潘情谊的惺惺相惜、山高水长。

虽无法窥得诗作全貌，但须臾之间，便能得出"连璧友"和"臭兰人"这样工整的佳构，《新唐书》评论十三岁的上官婉儿"天性韶警，善文章"，实也不夸张。比"善文章"更意味深长的是"韶警"，谓文采之外的聪明伶俐。无论"连璧友"还是"臭兰人"，自古都是文人雅士偏好的主题，雅好文艺的武后也不例外。这首小诗借咏双头牡丹的姿态，含蓄地恭维、回报了武后的赏识，又雅致又得体，难怪深得武后欢喜。上官婉儿自是知道天后召见的目的，构思中难免迎合武后心思，所以史家评她"天性韶警"。

自此，上官婉儿结束隐匿掖庭的岁月，进入武后的政治同盟。十多年前，上官仪因不满武后显露出的"牝鸡之晨"征兆而谋划废后，导致自己家族灭门，连带襁褓中的孙女蒙难；十余年后，小孙女以才自拔，伯乐正是当年自己不共戴天的政敌。此时，九泉之下的上官仪如若获知，不知会是怎样的心绪。

第三章

见天后庸知非福

攀藤招逸客，

偃桂协幽情。

水中看树影，

风里听松声。

——《流杯池》之三

偃，拉下。协，合。攀爬藤蔓，折桂撷花，抒发隐幽山水情，看水中树影摇曳，听风里松涛阵阵。

小诗对仗工整，语调简约、明快，表现出游山玩水的好心情。前两句写闲心闲情，"攀""招""偃"等动词，具象活泼，雀跃神情、袅娜身态尽现。最后两句，气势铿锵。柔水对劲风，树影对松声，前者娴静多姿，后者隐现生猛之势，这也是上官婉儿山水诗的一个特点，一静一动，一柔一刚，将两种反差很大的景物并置。

　　只道是寻常风景，眼观曼妙山水、丽影柔姿，耳里却在捕捉风之峭劲、松之涛声。听过松涛的人会知，声随风至，时而呼啸尖利，时而呜咽低沉，时而果决，时而犹疑，时而疏离，时而迫切，非得仔细聆听，才能体会其间韵致的起落。而细思这一画面，似又于平静中酝酿着风雷，娴静里渐生凌厉。这也恰似上官婉儿人生开启时的伏笔，混迹后宫、贵族，表面风光无限，像宫廷诗里展现的那般绮丽婉媚，实又时刻潜伏隐隐杀机。一生都得眼观六路、耳听八方，时刻面临着抉择、站队。

名义上的才人

离开掖庭宫，被召入禁中，在武后主宰的后宫，上官婉儿的身份是高宗才人。2013 年西安出土的上官婉儿墓志载："诗书为苑囿，捃拾得其菁华；翰墨为机杼，组织成其锦绣。年十三为才人。"才人，在后宫嫔妃等级中，位列五品，在贵妃、昭容、婕妤、美人之下。

墓志所曝上官婉儿在高宗后宫的身份，令史家、学者们惊愕了好一阵。人们纷纷揣测，一向强硬、冷酷的武后怎会容忍这么一个貌美有才的年轻女子接近高宗，而且还是政敌之女，岂非引狼入室？

这决计不是武后对待后宫女性、对待政敌的方式。

武后为人妻的彪悍作风，在历史上也是相当有名的。稍稍梳理一下自她成为后宫之主后的作为，便可清楚她的手段。高宗一生，仅有八子四女，而十二位子女中的前六位，均是武媚娘回宫前所生。那会儿媚娘还在感业寺读经礼佛，鞭长莫及，高宗真真是逍遥了一阵子。

自永徽年间重返后宫，十余年里，武后便马不停蹄为高宗生了六个儿女，可自此以后，高宗的帝王福泽便戛然而止，再没机会播撒。武后终于停止生子，却也扼杀了其他后宫妃嫔期待母以子贵的美梦。即使高宗间或与其他女性亲近，武后也绝不会允许其开枝散叶。

这一时期的高宗后宫，似乎经常发生食物中毒事件。年轻貌美的嫔妃因不小心吃错东西转瞬死去，已成寻常事。再看正一品的萧淑妃以及背后有关陇显赫贵族势力撑腰的王皇后，在几年间都被拿下，而故事后续更有那"令二妪骨醉"的断二人手脚埋入酒缸的狠辣。后宫诸女见识了武后的非常手腕，认识到与高宗传情，是在拿生命做赌注，又有几人敢以身试险呢？因之有人调侃高宗觉悟很高，虽坐拥后宫佳丽若干，却"甘心"过一夫一妻的生活。

毁灭那些想染指高宗卧榻的野心家，武后具有坚如磐石的决心，即便血缘亲人，也不会放过。

永徽年间，武昭仪忙着跟萧淑妃、王皇后斗的时候，忽略了身畔，没想到后院起火，高宗和自己姐姐韩国夫人有了私情。武昭仪鉴于当时处境，担心内外树敌，没敢大闹，吞下了这枚苦果，从此却将高宗看得更紧。据载，永徽五年（654）腊月，高宗拜谒昭陵，正值隆冬季节，天寒地冻，已有身孕的武昭仪却坚持随行，一路颠簸，最后导致小产。

坊间传闻章怀太子李贤的生母其实是韩国夫人。武后小产后，不得不接受提议，将高宗与韩国夫人的私生子养在膝下，顶替自己死去的孩子。李贤生母韩国夫人的死也多有争议，许多人认为韩国夫人是被自己妹妹毒死的。

若说武则天毒死亲姐姐，尚缺乏确凿的证据支撑，但韩国夫人之女魏国夫人的死，却是她一手策划的。以武则天的凶悍，当她获悉浪漫多情的高宗又看上姐姐的女儿时，新仇旧恨，可想而知她心头熊熊燃烧的复仇烈焰。

乾封元年（666），朝廷举行泰山封禅典礼。依唐律，各地刺史都要随行，武后的两个被贬为始州刺史、淄州刺史的堂哥武惟良和武怀运，奉诏参加。在典礼后的献食习俗中，武后熟稔地施展其一贯的一箭双雕的手腕，借兄弟俩的手毒死魏国夫人。

连外甥女都不会放过，武后又怎会愿意把上官婉儿送给高宗？

因之，依据现有史料推测，上官婉儿的才人身份，实为武后一手安排。武后需要上官婉儿为她工作，才人身份能使上官婉儿名正言顺地长住后宫。而且才人虽是五品，毕竟地位、待遇远高于后宫侍女，那既是为工作所开的方便之门，也代表武后对上官婉儿支付的酬劳。

事实上，仪凤元年（676）时，后宫妃嫔的名衔，已被武后下令更改，上官婉儿实不为"才人"，而是更改后的新衔"卫仙"。墓志所载"年十三为才人"，乃因武则天退位后，妃嫔旧衔予以恢复。

武后的秘书班子

史载，自七世纪六十年代后期，武后就以编书为名，开始暗中培植自己的亲信、党羽，史称北门学士。在此期间，武后在宫中又培养着另一股力量与之配合，那就是后宫的女官。显庆五年（660），高宗患病期间武后协助主持朝政，初尝权力的酣畅，这个偶然的际遇使武后认识到自己的勃勃野心。随着执政能力和政治势力的酝酿成熟，武后开始对朝廷内外的决策施加压力。

龙朔二年（662）二月，朝廷颁布诏令，更改了许多政府机构的名称，如门下省更名为东台，中书省为西台，尚书省为中台。与此同时，经武后的干预，皇帝嫔妃的名衔也一并改动了，如正一品的贵妃、淑妃新衔为赞德，正二品的昭容、昭仪更名为宣仪，正五品的才人更名为卫仙。这次嫔妃名衔改动的特点，陈弱水先生评论道："原来的名衔具有强烈的性别意味，强调嫔妃的女性身份，而新的称号大体带中性色彩……至少名目上，她们由皇帝的妻妾变成内廷的官僚。"（《隐蔽的光景：唐代的妇女文化与家庭生活》）如上官婉儿的"卫仙"称号，虽仍隐有女性指涉，却并未明确道出性别，比"才人"更少女性色彩。由此可知，墓志虽恢复了上官婉儿在高宗后宫的才人身份，与当时的具体情况确是有出入的。据此更可推测，其时武后是利用了选妃入宫这条路径，暗度陈仓，为自己招兵买马，在后宫培植羽翼。

显然，这是一个秘密的女官组织，也即武后的私人秘书班子，不如北门学士那般还可以编书的名义公开活动。据载，这批女官协助武后墨敕制词或处理更为隐秘的政务，从而达到制衡外廷男权的目的。起草诏敕是极为繁巨的工作，通常得有好几个人来分担，还需其他的人手协助资料的搜集、整理、查阅等，想来这个工作小组的规模不会小。只是该女官组织涉及后宫对朝堂政务的僭越，乃历朝公认的违禁之事，行事自然极为隐秘，终究，也难追溯小组成员的相关资料。

依现有的少量史料推测，该女官团体成员至少有三人是确定的：上官婉儿、太平公主和一位李姓夫人。

太平公主，与上官婉儿年龄相仿，是武后最为宠爱的孩子，必定会经常出入母后寝宫，与上官婉儿的接触应该也非常频繁。史载，太平公主"丰硕，方额广颐，多权略，则天以为类己"（《旧唐书·外戚传》），与几个哥哥比，太平公主性格最像武则天，看她后半生的行事，也确是武则天几个孩子中最有政治头脑的。史料显示，太平公主真正参与政治活动，是从其夫柴绍被杀开始，但，前期在秘书班子里的训练和积累也是其政治才能的基础。

两位年轻女子，年纪相当，都集貌美、聪慧、伶俐于一身，又都和平常的女子迥异，不喜女红、家政，对朝堂史事有着浓烈的兴趣，仅此，足够让上官婉儿和太平公主惺惺相惜，结成一生的同盟了。许多年后，上官婉儿参与的两次重要的宫廷政变，均是与太平公主联手，可见，从十来岁两人在宫中相遇、相知，一直都互通款曲。虽然后宫风云朝夕瞬变，此后经年，两人的政治立场也偶有不同，但少年时在这个秘密的女官组织中养成的政治素养与默契，足以使她们携手成为初唐"女祸"的杰出代表了。

李姓夫人，乃一位名叫司马慎微的官宦的妻子。司马慎微生于贞观六年（632），永徽三年（652）提拔为甲科，授襄州襄阳县尉，后因战功卓著，授上柱国，调露二年（680）因病去世。司马慎微的墓志，于1998年出土。正是基于这份墓志，学者们发现了其时武后秘书班子的些许痕迹。

墓志《大唐故梓州通泉县尉司马少府夫人陇西李氏合葬碑并颂》中对李氏的描述如下："温德贞明，清神肃穆，织仁组义，非假物于鸳机饰性，端仪诇资，形于鸾镜。曹大家之词赋，誉重寰中；卫恭姜之志节，名流海内。载初年，皇太后临朝求诸女史，敕颍川郡王载德诣门辟召侍奉。宸极一十五年，墨敕制词，多夫人所作。以长安二年六月二日终于大内。"

从该墓志可知，李氏出身陇西，家世平常，其人温娴端庄，才思横溢，一时名流海内。其夫司马慎微去世九年后，李氏经武后从弟颍川郡王武载德引荐，被武后召入禁中。此时正值载初元年（689），武后拉来小儿子李旦当傀儡皇帝（史称睿宗），自己则在紫宸殿的帷帐内临朝亲政。从载初元年至长安二年（702），即武则天退位前的三年，这位在后宫女官组织中曾与上官婉儿共事，却连名字也没留下的李氏，实是则天朝诏敕的主要负责人。"宸极一十五年，墨敕制词，多夫人所作。"可见当时她的重要性在上官婉儿之上。

从时间上看，至载初元年（689）李氏入宫，仪凤元年（676）入宫的上官婉儿已在武后身边工作十余年。此时上官婉儿渐近而立，经多年历练，又时常伴在天后左右，依常理而言，无论世故人情还是制诏路数，想必已非常熟稔，应足够担当草拟诏敕之责。可此后相当一段时间，墨敕制词的主要负责人，都是这位李姓夫人。

《旧唐书》载，上官婉儿"自圣历（698）已后，百司奏表，多令参决"，而《太平广记》则将这一时间定在万岁通天元年（696）后，此时距李氏"终于大内"不过三五年。简言之，很有可能其时李氏已年老力衰，无法继续胜任工作，上官婉儿才因此顶替上去，成为主要负责人。也即是说，则天一朝，上官婉儿并非如坊间传闻一直是女皇身畔不可取代的重要私人秘书，绝大多数时间，她应该都只是李氏的下属而已。

上官婉儿自圣历年间开始参与决策国家大事，到神龙政变爆发，前后不到十年，这十年在上官婉儿服务武则天统共近三十年的时间里，只占其三分之一。若说前二十年均是上官婉儿的学徒期，这期限未免也太长了一点。而上官婉儿人生最为辉煌的时期，实际上是在武则天退位以后。

究其原因，首先，李氏在年纪上长上官婉儿许多，武则天能在其守寡九年后约五十岁的年纪，还设法将其召入禁中，实也证明李氏定有过人之处。再一个合乎情理的推测应该是，武则天从未想过倚重上官婉儿，她不敢。她欣赏上官婉儿，也压制上官婉儿。

在民间想象中，一个是女皇，一个是女官；一个是伯乐，一个鼎力辅佐，知遇之恩外加站在抗衡男权的同一个战壕，无论作为知己还是战友，她们都该是情深意长。

对，这些都没错，这些情谊在两人之间无疑肯定存在。但是请别忘记，她们之间有不共戴天的血海深仇。几十年后，八十二岁高龄的武则天在其似醒非醒的弥留之际，都记得在遗嘱里赦免遭她迫害、株连的王皇后、萧淑妃家族，这说明，她从不曾忘记被自己杀死的那些人。上官婉儿，也决计不会忘。

其实，她们互不信任。

见天后庸知非福

贞观十一年（637），十四岁的武则天，入选太宗后宫。从此能走出哥哥家，不用再瞧他们眼色过活，武则天兴奋异常。母亲杨氏却神情忧悒，一脸的不舍。武则天便安慰母亲道："见天子庸知非福？"（《新唐书》）尽管一入宫门深似海，但那是闺阁外的大天地。

武则天豪情万丈。

因长相可人，武则天入宫即被太宗赐名"媚娘"，封才人。

仪凤元年（676），十三岁的上官婉儿入选高宗后宫。终于能脱离罪奴身份，走出暗无天日的掖庭，婉儿定也跃跃欲试。天下父母心，当年的杨氏，如今的郑氏，心情想必都一样的复杂难言。更何况上官家唯一的后人是要去往灭族仇人的身畔，郑氏又有着更多的揪心和恐惧。那牵挂也是写在脸上的。上官婉儿必定也如当年的武则天那般安慰母亲，只是当年的"天子"，换成了现在的"天后"。

见天后庸知非福？

武则天在太宗朝的前途，止于才人。坊间盛传关乎一匹烈马，人称狮子骢。此马无人能驯服，媚娘挺身而出，扬言只需三件东西便可将其制服：铁鞭，铁锤，利剑。铁鞭不能制服，改用铁锤，若仍不能，就用利剑刺进脖颈，将其击毙。太宗听后怏怏，夸媚娘有丈夫气，但从此在心里也就冷落了她。也许，太宗嗅到了某种被威胁的气息。

上官婉儿在高宗朝的命运，始于才人。

一个强有力的天后，仍然需要同盟。

奉和圣制立春日侍宴内殿出剪彩花应制
密叶因裁吐，新花逐翦舒。
攀条虽不谬，摘蕊讵知虚。
春至由来发，秋还未肯疏。
借问桃将李，相乱欲何如。

此诗经郭沫若先生考证，确定系上官婉儿十四岁时所作，刚进宫不久。春和日丽，天后心情好，在宫内组织剪纸活动，并以之为题，命众赋诗。

逐，依次排列。首联意思为，随着剪刀的翻飞，纸剪彩花一朵朵舒展、盛放。第二、三、四联营造虚实相映的意境，剪刀下的彩色纸花与大自然的真花真树两相穿插、辉映。纸花以假乱真，逗惹着人要攀折采撷，不亲自嗅闻，又岂知真假？只是纸花可如真花，在这旖旎春光中在剪纸游戏中团团绽放，至秋天却也不会凋零，试问花开有时的桃树李树，你们发现这一状况该当如何？

最后一句问得俏皮，颇有画面感，似能想象桃树君李树君眼见这景象时的错愕。诗中弥漫着少女式的欢脱与天真，与其后来诸多应制诗风格迥异，是婉儿唯一留存的能体现其少女时代生活的诗歌。该诗对仗工整，平仄符合，被郑振铎先生称为"正是律诗时代的最格律矜严之作"，可见因一首双头牡丹诗被征选入宫的上官婉儿，并非只是一时侥幸。你也可说十三载掖庭的磨砺，正是为了有一天能让人刮目。

虽是罪臣之后，女奴出身，依然可以以才自拔，跻身名流，英雄不问出处，正所谓：借问桃将李，相乱欲何如。或许这就是一个王朝草创之初的气象，人人渴望着风云际会，倚剑对风尘。

高宗后宫，一定也秘密且热烈地传播着这样一个故事：太宗的小才人，在太宗病榻前引诱太子。后流落尼庵，几近湮灭时又卷土重来，借高宗上位，母仪天下，再一路过关斩将，直至成为现在的天后，傲视历朝历代的所有皇后。

这样的励志楷模，一定鼓舞着后宫无数不安于现状的野心家们。武则天的儿子们，一如当年的太子，时刻提供着这种可能性。太子李贤更是风神端雅，广受朝野盛赞……

人生大幕徐徐拉开，命运似藏着无数可能。

第四章

《彩书怨》，

爱情它来过

傍池聊试笔，

倚石旋题诗。

豫弹山水调，

终拟从钟期。

——《流杯池》之四

聊，略微。豫，同"预"，预备。钟期，即钟子期。伯牙鼓琴，志在高山流水，子期心有灵犀，听出泰山之巍峨、江河之辽阔。世谓伯牙之念，钟子期必得之。后，子期死，人间再无知音，伯牙乃绝弦破琴，终身不复鼓琴。

步近池塘取水润笔，倚石题诗，预备弹琴，模仿伯牙奏一阕《高山流水》，遥祭逝去的子期。伯牙与钟子期的故事，世代流传，喻知己的难得难遇，或谓灵魂伴侣的相与追随，也即现代人说的"真爱"。仪凤元年（676），上官婉儿入宫，年仅十三岁。光阴流逝，清寂无声，少女的懵懂青涩竟也悄然褪去，成年女性的种种美好，在眉间、眸子里，在举手投足、顾盼流离中，渐次绽放。

正史中的上官婉儿，这一时期仍然难觅其踪迹，情感生活的相关记载更是一段空白，坊间传闻，亦真真假假，无从辨析。可谁又知道呢？历史所隐藏的，往往比呈现得要多。有时，野史、传说，抑或岁月流转本身，都会成为故事的一部分，虚实辉映，一起诉说着婉儿的心事，也诉说着传播者的心事。

那些隐秘的心动。

隐秘的心碎。

章怀太子

李贤，生于永徽五年（654），高宗与武则天的次子，继废太子李忠、前太子李弘之后，为高宗朝第三任太子。

上元二年（675），太子李弘随父皇、母后在洛阳禁苑的合璧宫休养时，暴病身亡，时年二十四岁。李弘死后一个月，二十二岁的雍王李贤被立为太子，史称章怀太子。

高宗的所有儿子中，李贤被公认为天分最高、最有储君风范。传统史家提及这位皇子，也常难掩痛惜之情，因为他是唯一一个有希望替他们扳倒武则天的皇子。

小小年纪，李贤便已显出神童气质，《尚书》《礼记》《论语》等过目成诵，均不在话下。当年太子李弘跟老师学习《春秋》，读到楚国世子芈商臣弑父以早日攫取皇位这部分，便大声抗议，不想读这种书，认为故事太过残酷，无法接受。为了照顾李弘的玻璃心，老师只好改讲些"高尚"的故事。而同样年幼的李贤，则已能在"贤贤易色"这类警世格言中，悟出品德与美色的泾渭、轻重，可说政治天分高出哥哥许多，这实在令忧心自己时日不多的高宗欣喜。

龙朔元年（661），年仅八岁的李贤便被封为沛王，次年，又加授扬州大都督，麟德二年（665），又授为右卫大将军，咸亨三年（672），徙封雍王，授凉州大都督、雍州牧、右卫大将军。成年后，李贤还获得特权，在太子李弘生病期间，代为处理太子府政务，监国听政。史载李贤监国期间，"处事明审，为时论所称"（《旧唐书》）。

自被立为太子，李贤表现日益精进。数次监国、忙于政务的间隙，还撰写了《春宫要录》十卷、《列藩正论》三十卷、《修身要录》十卷等一系列国政心得。上元二年（675）六月，刚成为太子的李贤，便在府中召集一批学者，为范晔的《后汉书》作注。历时一年多，完成了这个浩大的工程。

这一事件使太子贤声名大振，后世学者也颇多誉美之词，如清代学者王先谦曾言"章怀之注范，不减于颜监之注班"。在他看来，李贤注范晔的《后汉书》，可与太宗朝弘文馆学士颜师古所注班固的《汉书》媲美。仪凤元年（676）腊月，李贤将此书献给高宗，高宗甚为欣慰，一口气赏赐了三万段丝绸，赞赏太子"好善载彰，作贞斯在，家国之寄，深副所怀"（《旧唐书》）。

民间传说中，这一时期的上官婉儿尽管有许多追求者，甚至包括皇子李显、李旦在内，他们都仰慕她的才学与美貌。但婉儿真正属意的，似只有太子贤。婉儿现存唯一的闺怨诗《彩书怨》，据传便是当年寄语太子贤的。

在世人眼里，太子贤容止端雅且有经世之才，上官婉儿亦才貌兼备，两人最当得起"金童玉女"童话的男女主角。其时婉儿正值如花美眷、春心萌动的年华，太子贤风流俊朗，又长她十岁，亦兄亦父，当是最能满足这位掖庭出身的孤女心中对美好爱情的向往。婉儿心泛涟漪，芳心暗许，想来再正常不过。其时武后继续参议朝政，太子贤时常代父监国，朝堂政务当多会与武后商议，后宫之中，最常出现的男人的身影，除了高宗，应是太子贤了。不管是一见钟情也罢，日久生情也罢，两人总归是有基础和机会的。

当太子贤远远走来，作为李唐江山的继承者，未来大唐天下最有权力的男人，在后宫那些跃跃欲试的野心家眼里，太子贤该是像《大话西游》中紫霞仙子描绘的她的盖世英雄的样子：身披金甲圣衣，脚踏七色云彩。

可是，这位集万千宠爱于一身的皇子，好像总是心事重重，眉宇间或掠过忧悒之色。

宫闱之中经久流传着一则秘闻，那就是太子贤的身世之谜。这个秘密自太子贤出生便开始传播，是宫内侍女热衷的谈资，上官婉儿在掖庭宫时想必就已耳闻。随着李贤长大，流言并未消失，反而愈传愈烈。至李贤被立为储君，当朝太子乃韩国夫人所生已成为公开的秘密。其时，高宗在那么多孩子中，对太子贤格外宠爱与器重，在在都提醒着人们当年那段被武后生生掐断的私情……

经过对种种史料的筛查，现代许多学者倾向于认定，李贤确系韩国夫人所生。如历史资料中，李弘、李显、李旦，均留下幼年备受母亲武后宠爱的记录，唯李贤无。再如，李显被流放房州十余载，李旦也遭长年软禁，但均性命无虞。单李贤，在高宗这把保护伞宾天后不久，便奇怪地死在了流放地。再有，李贤生前育有三子，即使在他死后，武则天这位史上最毒祖母，也并未释放自己无辜的孙子，而是继续软禁。十八年都未获准踏出庭院一步，还经常挨打。直至后来一个被杀，一个病死，仅剩邠王李守礼活到开元年间，身心病痛，提及往事总潸然无语。林语堂先生的《武则天正传》正是托李守礼的回忆，撰写祖母武则天的铁腕人生。

随着成长成年，太子贤当是获悉并确定了自己身世的秘密。只是这样一来，便须面对一个现实：自己一天天叫着"母后"的这个女人，或许曾鸩杀自己的生母和姐姐。午夜梦回，如何在这世间、在亦敌亦母的武后身畔自处，曾时时在太子贤心中阴魂不散。

作为雍王时，李贤便被认为是诸位皇子中气质最忧郁的，与武后是最疏远的。也许与武后之间的那股悄然涌动的暗流，只有当事人自己能会意。其时，一个是能左右决策的天后，一个仅为办差的王爷，利益冲突尚未明朗，待李贤成为储君，太子府与武后势力之间势必遭遇正面交锋。暗流的涌动汇聚成潮汐之势，只是时间而已。

《彩书怨》

终有唐一代，宫内每一股势力的崛起，都是以编书为名，在府内集结各路精锐。当年，太宗还是秦王时，王府荟萃人才，号称秦府十八学士。接着，太宗之子魏王李泰以编《括地志》为名，招纳人才入府。同样，武后的北门学士也是打着编书的幌子，培植羽翼。现在，李贤刚任太子不久，立刻以注《后汉书》为名，在太子府招兵买马。至于目标，众人皆看在眼里。偌大朝堂，需要堂堂太子府小心对付的，无非就是武后的北门学士。

草蛇灰线，伏脉千里。那些年一直在背光处暗地里盘旋的隔阂、猜忌，甚至愤怒，渐渐浮上水面。母子之间的夺权势所难免。史载，李贤自成为太子，不甘再受武后压制，数次的代父监国中，政务上的处理，也不再听命于武后，时时摆出我太子府乃名正言顺的"准朝廷"的架势，似有逼天后让权之势。冲突渐剧。此时谣言再起，有说太子贤专挑《后汉书》作注，实乃影射武后弄权，因为范晔《后汉书》中对东汉大权旁落吕后和外戚这一段历史，有详细记载。

坐以待毙向来不是武则天的作风。

武后命北门学士专门撰写《少阳正范》和《孝子传》，叫人送与太子阅读。前者用以规范太子言行，后者教太子如何为人子，意在警告。此外，还有若干的必读书目、亲笔书信，时时传给太子的各种旨意。总之，武后的第一步，是在言行上加紧对太子贤的控制。史传，其时充当武后与太子之间"信使"的，便是上官婉儿。后来，武后索性将婉儿派往太子府，名为太子侍读，实为武后安插在东宫的眼线。

婉儿是武后的人，太子贤自当了然，然而却不得不"笑纳"母后的"好意"。婉儿倾心于太子贤，却也不得不将东宫的一切行止报备给自己主子。左右都是一个身不由己，连选择的资格都没有。而在这斗智斗勇的过程中，一方面各有盘算，一方面又比以往有了更多的相处、陪伴，更多的互相欣赏，更多的互相吸引。随着斗争的深化，吸引也在增强……

对峙多时后，一个名叫明崇俨的五品官员打破了局面的平衡。明崇俨原为方士出身，颇懂些厌胜之术（厌胜又来了），某日对武后密谏，当朝太子无帝王相，"不堪承继"云云。此乃真真一着高棋。生在无法整容的时代，一句太子面相与大唐江山八字不合，立即将李贤的种种过人之处给否定了。

更为厉害的是，此"密谏"长了飞毛腿一般，立即传到太子贤的耳朵。史载，李贤获悉后神情忧悒。这才是武后真正想要的效果。太子是否真的面相有问题并不重要，武后深知，流言可以挫人锐气。太子毕竟年轻，纵然满腹经纶，却无甚阅历，遑论实战经验。

与武则天这样一个在血雨腥风中成长起来的政治老江湖交手，

李贤太过稚嫩。

果然，心理受了打击的太子贤，终日郁郁，再也无心政务，而是在东宫与小子们鬼混。太子府种种秽闻在后宫传播着。武后知道，流言纵能击垮李贤的心理防线，然要彻底扳倒堂堂太子，这些显然是不够的。

不久，明崇俨遇刺身亡。

武后下令全城搜捕嫌犯。搜到太子府时，上官婉儿密报武后，东宫私藏武器。众目睽睽之下，太子府马坊的几百领甲胄被翻出。这一厢，太子近侍被捕，酷刑之下，终于招认自己受太子指使，杀了明崇俨。一面私藏武器，一面刺杀曾预言自己无帝王相的五品朝臣。

太子贤谋逆之罪，证据确凿。

毕竟是亲生儿子，又那么聪慧，高宗有宽宥之意，希望大事化小。武则天则坚持大义灭亲："为人子怀逆谋，天地所不容；大义灭亲，何可赦也！"（《资治通鉴》）

原本或会是一代明君，倏忽之间，翅翼折断，遗恨于人间烟尘。在完美的证据面前，高宗也保护不了自己最爱的孩子。

调露二年（680），李贤因谋逆罪被废为庶人。史传，上官婉儿领命替武后起草诏书，意谓"太子怀逆，废为庶民，流放巴州"。

此生，上官婉儿再未见过太子贤。

彩书怨

叶下洞庭初，思君万里余。

露浓香被冷，月落锦屏虚。

欲奏江南曲，贪封蓟北书。

书中别无意，惟怅久离居。

此诗描摹闺中女子在秋意渐浓的夜晚思念爱人的情形。首句化用屈原《九歌·湘夫人》中的名句"袅袅兮秋风，洞庭波兮木叶下"。"露浓""月落"表明时间已近深夜，"香被""锦屏"暗示物境的优渥，洋溢着花团锦簇之感，而紧随其后的"冷""虚"又将这种明亮的奢华置于黯然的忧伤中。

江南曲，乐府名曲，闺怨情诗的代表。蓟，古地名，在今北京城西南。本想奏一阕《江南曲》来解闷儿，转瞬又贪恋于收到来自蓟北的书信。一个"欲"、一个"贪"将情绪陡然转换，意欲振奋，转而沉郁，又因这意欲自我强迫的振奋，使这沉郁愈发显出凄切。相思之情因而有了层次和空间感，自然衔接到尾联：鸿雁传书别无他事，只是因为分别太久而怅恨满怀。通篇匀称，情绪流转圆润，无一突兀，钟惺在《名媛诗归》中赞美此诗："能得如此一气之清老，便不必奇思佳句矣！"

《彩书怨》是上官婉儿唯一留存的直叙自己心事的诗歌。据传此诗与太子贤相关。不管真实度有几分，终也教人知道，上官婉儿也如平常的年轻女孩儿，在她最好的年华，也曾在灯影下苦苦等过某一个人的来信。

然而，即便此诗真的是为太子贤所写，其实也是不可能留下任何证据的。李贤被废第二天，李显便被立为太子，由此可见武则天对李贤的极度厌恶，婉儿当时是绝不敢流露出任何情思的。

李贤流放之时，弟弟李显前来送行。时值冬日，李贤一家上下却连一件御寒的厚棉衣都没有，李显心有不忍，上书为哥哥一家求取衣物。《全唐文》载：

> 臣某言：臣闻心有所至，谅在于闻天。事或可矜，必先于叫帝。庶人不道，徙窜巴州。臣以兄弟之情，有怀伤悯。昨者临发之日，辄遣使看，见其缘身衣服，微多故弊，男女下从，亦稍单薄。有至于是，虽自取之。在于臣心，能无愤怆。天皇衣被天下，子育苍生，特乞流此圣恩，需然垂许。其庶人男女下从等，每年所司，春冬两季，听给时服。则浸润之泽，曲沾于蝼蚁。生长之仁，不遗于萧艾。无任私恳之至，谨遣某官奉表陈请以闻。

即便是皇族，即便是母与子，一朝失势，连一件保暖的衣服都不配有，连皇子本身，也如一件旧衣服，被远远地丢弃了，遑论其他人。波谲云诡的宫廷政治如是。这当是上官婉儿进宫后学到的重要的人生第一课。

纵然曾经心动过，纵然曾经心碎过，曾因辅佐皇后谋害自己意中人而悲痛欲绝过，这一切都只能交付于内心，交付于无数个煎熬、崩溃的深夜，让那些无法与人述说的心事，缓缓地，缓缓地，释放到浩浩夜色之中。

亘古如斯的长夜，能容纳所有，宽恕所有。

武后灭太子之路

至上官婉儿辅助武则天废掉太子贤，高宗朝已经有三位皇子相继当过太子，又相继成了前太子。

一号太子：李忠。

永徽六年（655）十一月一日，武则天取代王皇后成为后宫新主。被立为皇后的第三天，武则天便授意心腹许敬宗上疏，请求高宗废太子李忠，改立李弘。其时李忠已目睹王皇后被废、又被虐杀的惨剧，早吓得魂不附体。得知皇后之意，李忠赶紧上疏，主动恳求被废。高宗念及太子懂事，满足太子请求，改封为梁王，担任梁州都督，即刻赴任。

二号太子：李弘。

656年元旦，武则天的长子李弘被立为太子，为庆祝储君的更换，朝廷改年号为"显庆"。李弘做了近十年太子，七次监国，高宗早已将其视为继承大统的不二人选。谁料，上元二年（675）太子在随父皇、母后到洛阳禁苑休养玩耍时，暴病身亡，时年二十四岁。李弘之死，坊间多有争议，有说李弘久病成痨，遇风寒后急性发作而亡，有说是遭到武则天的鸩杀。

如成书于肃宗时期的《唐历》所言："弘仁孝英果，深为上所钟爱，自升为太子，敬礼大臣鸿儒之士，未尝居有过之地。以请嫁二公主，失爱于天后，不以寿终。"李弘仁孝英明，是一块当皇帝的好料，父皇高宗甚是喜爱，也颇得臣属敬重。自立为太子，李弘讷言敏行，没犯过什么错。只因咸亨二年（671）在掖庭宫逛了一圈，亲见姐姐受苦，于心难忍，遂请求父皇将她们好好出嫁，这让武则天很没面子。于是，李弘暴卒于洛阳行宫。

不管历史真相如何，第二任太子也出局了。

三号太子：李贤。

李弘死后一个多月，二十二岁的雍王李贤被立为太子。调露二年（680），太子贤以谋逆罪被贬为庶人，流放巴州。

民间流传一首诗《黄瓜台辞》，据传为太子贤所写。

> 黄瓜台辞
>
> 种瓜黄台下，瓜熟子离离。
>
> 一摘使瓜好，再摘使瓜稀。
>
> 三摘犹自可，摘绝抱蔓归。

离离，形容草木繁茂，语出《诗·小雅·湛露》："其桐其椅，其实离离。"这首诗里，太子们被比喻为藤蔓上的黄瓜，母亲自然是瓜农了。黄台下种着瓜，瓜熟蒂落，景致喜人。唯愿瓜农知晓，摘去一颗瓜或可使其他瓜长势更好，若再摘一颗，瓜就变得稀疏了，而若一摘再摘，最后便会无瓜可摘，只剩藤蔓了。相对武则天杀伐决断中种种刚硬、强势、冷酷，此诗充满无尽哀伤、哀怨之情。钟惺评论此诗："深有汉魏遗响，妙于《煮豆》歌。"

《煮豆》歌意即曹植的《七步诗·煮豆燃豆萁》。曹植，曹操第四子。因年少有才，得父赏识，而遭哥哥曹丕猜忌，后郁郁而死。

> 煮豆持作羹，漉菽以为汁。

其在釜下然，豆在釜中泣。

本自同根生，相煎何太急？

两诗而言，都是政治斗争中被屠戮的血脉亲情，至亲又至远。也许正因为至亲才要斩草除根，永绝后患。曹植用豆和豆萁比喻兄弟相煎，笔调略有困惑，更多的却是怨愤。尤其是千古流传的名句"本自同根生，相煎何太急？"于咄咄质问中又显出对其行径的不耻。而《黄瓜台辞》中李贤用瓜农和瓜喻母与子，瓜属于瓜农，瓜农主宰瓜的生死，身份等级天然的压迫感，比豆和豆萁更让人窒息。

在儒家传统下成长的李贤，无法对母亲发出"相煎何太急"的逼问。李贤只能是一种无助的哀叹。并不怨愤自己的厄运，只是奉劝母后，不要对亲生儿女赶尽杀绝。细品之，便不由得感觉这诗里的武则天就像童话里阴鸷的女巫，张开双手，撑开巨大的黑色披风，森林立即笼罩在她的阴影下，手里拿着小风车的孩童便在这庞然的阴影中一步步往后退……

但即便如此，李贤也并非最后一颗被母亲武则天摘掉的瓜。从永徽六年（655）到光宅元年（684），武则天用了约三十年的时间与太子们斗法。这期间，对武则天，是步步为营、政治资本的积累期。但对她的孩子们而言，却像结在藤蔓上的瓜，是一颗一颗被摘除的历程。

李显，在哥哥被废后第二天被立为太子。弘道元年（683），高宗驾崩，遵遗诏，李显在父皇灵柩前加冕即位。经历了四任太子人选的迁换，李显是唯一终于坐上皇位的人。但皇位还没捂热呢，两个月不到，李显被武则天从帝王宝座上拖下来，贬为庐陵王，流放房州。

李显被废后，轮到武则天最后一个儿子，也可说最后一枚棋子李旦了。与哥哥们比，李旦的经历更为吊诡。没做过一天太子，却直接做了皇帝，史称睿宗。但他的遭遇也没比哥哥们好多少，刚被加冕，很快就被送到偏殿软禁起来。这一软禁也是十多年。与李旦一同被软禁的还有他的儿子——李隆基——开元盛世的开创者。

其时，高宗与其他嫔妃所生的皇子们，均被贬往边僻之地担任刺史。可这也并未使武则天安心。血统是原罪，只要这些皇子身上淌着高宗的血，他们就是潜在的威胁。对自己的儿子尚念及骨肉之情，流放、软禁而已，其余的便逐一诛杀。麟德元年（664），废太子李忠在上官仪事件中被牵连赐死。弘道元年（683）高宗驾崩后，李贤死在流放地。天授元年（690）武则天称帝后，高宗与杨宫嫔所生的李上金、与萧淑妃所生的李素节，均被赐死。

在武后逐一剪除太子的进程中，为武则天工作的上官婉儿，照例影影绰绰，没有在史料中留下任何确定的痕迹。唯调露二年（680）那封废太子李贤为庶民的诏书"太子怀逆，废为庶民，流放巴州"，史传为婉儿起草。如此，上官婉儿的际遇便第一次与祖父上官仪重合了。

曾经，上官仪领命，起草废太子李忠为庶人的诏书。九年后，上官仪又被诬与李忠谋逆作乱。本来自各为其主的阵营，原该势不两立，最后竟然结伴下黄泉，罪名还是勾结。而上官婉儿，奉命起草废太子贤的诏书，却又在唯一留存的闺怨诗《彩书怨》中，寄语太子贤：思君万里余。

祖孙两人的命运都紧紧攥在武则天手中，遭其拨弄。只是当年的上官仪在初次交锋中便被拿下，现今的上官婉儿将会用长达三十年的时间，来诠释什么叫"伴君如伴虎"。

其时，历史上臭名昭著的酷吏时代已拉开序幕，长达十余年的风声鹤唳，无人能独善其身。

第五章
梅花妆与
酷吏时代

登山一长望，

正遇九春初。

结驷填街术，

间阎满邑居。

斗雪梅先吐，

惊风柳未舒。

直愁斜日落，

不畏酒尊虚。

——《流杯池》之五

　　九春，指春天。春季共九十天，故名。驷，同驾一辆车的四匹马。术，古代城市中供车马行驶的路。间阎，里巷的门，指平民。

邑，城，都市。九春之初，交游踏青，登临赋诗。路上车马杂沓，都市里巷也遍布游春赏春之人。

前两联概写游春景致，第三联笔锋一转，特写斗雪的梅、将舒未舒的柳。古人咏物，每有寄托。梅，四君子之首，花开烂漫，然在风雪中绽放，不愧有丈夫气。柳，若纤纤女子，残雪离离，倚风而立，只待春意来临便可扶疏。梅刚，柳柔，刚柔并济，是上官婉儿诗歌惯用的意象并置。细品之，梅的傲雪之姿中男儿式的昂然无惧，柳的惊风之态中女儿式的娇柔温婉，形成初春特有的风景。乍暖还寒处，有刚健也有妩媚。

用这天地间春冬交汇之际的独特态势，喻武则天临朝称制初期的朝廷局势，似无不可。一众臣僚的抗拒，李唐宗室的质疑，加之能在短时内迅速集结数万兵力的扬州叛乱，都在显示天下人对"女皇"有限的接受度。于是乎，垂拱年间武则天为巩固自己统治而兴起的酷吏政治，犹如春天到来前，寒冬最后的凛冽。

文学史上的酷吏

嗣圣元年（684）二月，武则天先后将儿子李显、李旦从皇位赶下，开始独断朝纲时，她的皇帝之梦已成司马昭之心，世人皆知。李唐江山岌岌可危。

九月，扬州发生叛乱。

曾在武则天登后进程中以一句"此陛下家事，何必更问外人"而起四两拨千斤之效的正一品司空李勣，其孙李敬业，在扬州纠集数万人，打出匡复大唐的口号，发动群众，制造舆论，号令天下人伐武。其中最著名的反武檄文便是骆宾王那篇《代李敬业传檄天下文》（后改名《讨武曌檄》）：

> 伪临朝武氏者，性非和顺，地实寒微。昔充太宗下陈，曾以更衣入侍。洎乎晚节，秽乱春宫。潜隐先帝之私，阴图后房之嬖。入门见嫉，蛾眉不肯让人；掩袖工谗，狐媚偏能惑主。践元后于翚翟，陷吾君于聚麀。加以虺蜴为心，豺狼成性；近狎邪僻，残害忠良；杀姊屠兄，弑君鸩母。人神之所同嫉，天地之所不容。犹复包藏祸心，窥窃神器……

行文汪洋恣肆，气势雄拔，一贯直下。据载，武则天读过这篇檄文，都被骆宾王光华绚烂的文采所折服。

然，折服归折服，叛军讨伐，刻不容缓。武则天征求群臣意见，环顾朝堂，高宗临终钦定的顾命大臣裴炎进入眼帘。武则天问之，裴炎答："天子年长矣，不豫政，故竖子有辞。今若复子明辟，贼不讨而解。"（《新唐书·裴炎传》）意谓皇帝成年却始终未能亲政，才让小人有了造反的借口，若还政与皇帝，叛军便会自行瓦解。

武则天默然。

九月还没过完，这位中书令裴炎大人，问斩于都亭驿，家财收没入官，家眷流放岭外。

前有李勣之孙起兵叛乱，后有裴炎临危逼宫。武则天以为民间叛乱，根在朝臣。《资治通鉴》载：

> 太后自徐敬业之反，疑天下人多图己，又自以久专国事，且内行不正，知宗室大臣怨望，心不服，欲大诛杀以威之。乃盛开告密之门，有告密者，臣下不得问，皆给驿马，供五品食，使诣行在。虽农夫樵人，皆得召见，廪于客馆，所言或称旨，则不次除官，无实者不问。于是四方告密者蜂起，人皆重足屏息。

从此告密泛滥，随意攀咬、株连、罗织罪名成风，时谓"一人被讼，百人满狱，使者推捕，冠盖如云"（陈子昂《谏用刑书》）。酷吏政治拉开帷幕，是时"海内慑惧，道路以目"（《旧唐书·刑法志》）。

酷吏横行前后达十四年之久，所使的种种暗黑手腕、逼供酷刑，罄竹难书，许多史料均有记载。就文学史而言，酷吏政治贡献了两个成语。

请君入瓮。讲的是两个酷吏的故事。天授二年（691），受武则天的指使，酷吏后起之秀来俊臣策划收拾酷吏前辈周兴。饭桌上，来俊臣假意向周兴讨教："囚多不肯承，若为作法？"人犯多不愿自行认罪，怎么才能顺利将他们变成犯人？酒过三巡，前辈周兴不免得意，他舌灿莲花："甚易也。取大瓮，以炭四面炙之，令囚人处之其中，何事不吐！"（《太平广记》）来俊臣击掌，说不愧是前辈，的确好主意！便立即叫人抬进一口大缸，请周兴进去坐一会儿。

若说成语"请君入瓮"讲的是酷吏组织内部相互攻讦时的无节操无底线，另一个成语"唾面自干"则讲这一特殊政治时期，风声鹤唳，人人自危。

典出名宦娄师德。

娄师德，进士出身，东征契丹，西攻吐蕃，出将入相，战功显赫。但就是这么一个文武双全的能人，在其弟要去地方当刺史时，临别训话："吾备位宰相，汝复为州牧，荣宠过盛，人所疾也，将何以自免？"为弟的明白哥哥的苦心，保证不惹事："自今虽有人唾某面，某拭之而已，庶不为兄忧。"可娄师德摇头，并不满意："人唾汝面，怒汝也；汝拭之，乃逆其意，所以重其怒。夫唾，不拭自干，当笑而受之。"（《资治通鉴》）人家啐你便是为激怒你，你若当面擦拭，就违背人家的意愿，会让他更生气，结局也只会更坏，最好的做法当是若无其事，保持微笑，任口水自干……

一代名宦亦被酷吏政治摧折至此，实在令人胆寒。

太平公主之劫

垂拱四年（688）四月，有人从洛水中打捞上来一块石头，上有八个紫红色大字"圣母临人，永昌帝业"，时谓祥瑞，意即改朝换代的时机已然成熟，宇宙天地、万物生灵都做好准备，恭候新皇圣驾。

据《旧唐书·武承嗣传》载，这块祥瑞之石系武则天的侄子武承嗣伪造，意在借助"天意"，协助武则天最后登顶帝座。不论真假，既然历代天子都讲究天命，自然会有祥瑞在合适的时机出现。比如先帝太宗，本来只想安分做个秦王，没想太白星出现在西方秦分，提示他天意降临，这样一来，就不得不去搞个玄武门政变了。

有天命，便有天命不可违。既然祥瑞现于洛水，武则天岂有不受之理！武则天颁布诏令，决意年底亲临洛水，举行受图大典，祭祀天神，并在明堂接受百官朝贺。诏令所至，各州的都督刺史、李唐宗室、外戚均得在洛阳集合，共享这盛世荣华。

但李唐宗室不这么看。外界纷纷揣测，祥瑞是假，盛事是假，不过是武则天以此为借口把李唐宗室余下的人赶到一块儿，来个一锅端。宗室成员开始秘密联络，谋划反武。其时高宗的儿子们死的死、流放的流放，没一个用得上，只好由宗室的前辈们来替天行道了。此次政变参与者包括唐高祖之子韩王李元嘉、太宗之子越王李贞等。

然，密谋很快泄露，伐武行动被迫提前展开。垂拱四年（688）八月，李贞父子仓促起兵。

兵败。

正中下怀。武则天乘机大肆杀戮。高祖二十二子、太宗十四子，皆被荡涤一空，无一存活。太平公主之夫薛绍，亦在株连名单中。

此时太平公主二十五岁，与薛绍成婚八年，婚姻美满幸福，两人已育有四个子女。

多年前某次皇家宴会上，太平公主一袭男装现身筵席，如唐朝壁画中扮男装的女子所示：头戴幞头，身穿绣有花饰的翻领小袖长袍，腰束带，下身着紧口条纹裤，脚登翘头靴。太平公主这般装束，是要暗示父皇母后，女儿长大成人，已到寻找如意郎君的年纪了。

对这唯一的女儿，高宗、武后一直视为掌上明珠，宝贝得紧，此次选婿自然不能大意。经多次遴选，最后才挑出这位名叫薛绍的年轻人。薛绍出身河东大族薛氏，其父也是驸马，其母乃太宗与长孙皇后的女儿城阳公主，也即高宗的亲姐姐。可谓门当户对，亲上加亲。

开耀元年（681）那场旷世奢华的公主婚礼恐怕世人都还记忆犹新。《新唐书·公主传》载："假万年县为婚馆，门隘不能容翟车，有司毁垣以入，自兴安门设燎相属，道樾为枯。"婚典殿堂设在长安的直辖县万年县的县衙，可公主的婚车豪华庞大，万年县衙的大门都无法通过，于是只好连县衙的墙都拆了。婚礼在晚上举行，从长安城最东北的兴安门，到城东南的万年县衙，一路上火炬高炽，燃成一条火龙，道边的树也给烤焦了。其时值开耀元年（681）七月，高宗病势缠绵许久，命不久矣，但爱女心切，仍强撑精神，作诗志喜：

> 龙楼光曙景，鲁馆启朝扉。
>
> 艳日浓妆影，低星降婺辉。
>
> 玉庭浮瑞色，银榜藻祥徽。
>
> 云转花萦盖，霞飘叶缀旟。
>
> 雕轩回翠陌，宝驾归丹殿。
>
> 鸣珠佩晓衣，镂璧轮开扇。
>
> 华冠列绮筵，兰醑申芳宴。
>
> 环阶凤乐陈，玳席珍羞荐。
>
> 蝶舞袖香新，歌分落素尘。
>
> 欢凝欢懿戚，庆叶庆初姻。
>
> 暑阑炎气息，凉早吹疏频。
>
> 方期六合泰，共赏万年春。

两年后，高宗与世长辞。

"方期六合泰，共赏万年春。"百年好合的祈愿尽在一位父亲的殷殷祝福中。

武则天毕竟怜悯亲生女儿，薛绍因之没有被枭首朝堂，而是被投入监狱，杖饿而死，留得一副全尸。

陈子昂在《谏用刑书》里喟然道："然则为人父母，固当贵于德养，不可务于刑杀……"

史料显示，二十五岁前的太平公主，虽为唐一代最受宠爱的公主，身份显赫尊贵，但从未涉足政治。家庭美满，儿女绕膝，与夫薛绍亦是神仙眷侣般，过着雍容华丽的贵族生活。

原本以为会永远这样岁月静好，可，哪里有永远？丈夫薛绍只因生于皇族，便被杖饿而死，而凶手，是自己的母亲。

感情与权力较量，永远不堪一击。太平公主因此猛醒，用学者蒙曼的话说："她从一个娇媚纯真的少妇一下就转化成了一个心机深沉的女人。母亲武则天遗传给她的政治家潜能被激发出来了。"

太平公主从此深深卷入宫廷政治，与上官婉儿一起成为武则天麾下的得力部属。一个贵为大唐公主，一个出身掖庭，命运看似遥遥不相瓜葛，有时竟也是殊途同归。

据载，太平公主办的第一件讨女皇欢心的差事，便是推荐张氏兄弟。

梅花妆

酷吏时代，太平公主失去了丈夫，随之而去的还有相夫教子、不涉政治的往日岁月。

上官婉儿亦未能全身而退。

《旧唐书》载："则天时，婉儿忤旨当诛，则天惜其才不杀，但黥其面而已。"本应是要被问斩的罪，爱其才，才手下留情，看来武则天这一动怒非同小可。此时，上官婉儿进宫多年，看惯了生死、党同伐异和不择手段，见识过武则天极冷酷、暴虐的一面。又前有太子贤后有太平公主的遭遇的提醒，"天性韶警"的婉儿究竟因为何事触怒龙颜呢？

流传甚广的有两则故事。

其一，与太平公主推荐给武则天的张氏兄弟有关。史传，上官婉儿与张昌宗，两人似暗通款曲，触怒了武则天。女皇黥其面，以示严重警告。

其二，来自笔记小说的记载。史传，武则天和宰相正在讨论政务，循例，作为贴身秘书的上官婉儿应躲在帘后，聆听，做记录。但上官婉儿故意探出头，在外廷官员前露脸，武则天甚是恼怒，一气之下，施以黥刑。

两则故事比较，第一则的真实性更低。男女间争风吃醋、大打出手的俚俗野趣，只能说向来都是民间传说的偏好。这则故事的寓意更可能是为了讥讽武则天年老色衰，全仗了淫威震慑，才迫使年轻美男子服侍左右。而满腹委屈与不甘的美男子，大约只能靠对这位经常出现在武则天近畔才貌双全的年轻女子的幻想的供养，才能完成使命。想一想两位年轻的偷情者眼神交流中传递的默契，默契中隐含的对女皇衰朽肉身的嘲谑，实则是令人心生嫌恶的。

但实际情况应该并非如此，理由有二。

其一，上官婉儿偷情张昌宗，动机不成立。为一个颜值好的男人就五迷三道，不计后果，那是粉丝行为，绝不为政治家手笔。不论之前武则天作为皇后，一一拔除可能染指高宗卧榻的野心家，还是现在君临天下，享受着对张氏兄弟绝对的控制权，对于自己看上的男人，武则天向来都有强烈的"护犊子"情结。如此秉性，上官婉儿陪侍女皇多年，若还瞧不出，也真的是白混了。

当年在高宗朝，前有高宗本人，后有诸位皇子，至少个个都出身皇族，貌似潜力股，外加武则天也还处于奋斗期，掣肘太多，权势并不像现在如日中天，那个时候，正值年少、经验尚浅的上官婉儿尚能明哲保身。如今年近而立，在宫廷政治中练达多年，却冒着忤逆女皇的危险，和一个无任何背景、只有一副好看皮囊的男宠鬼混，这种飞蛾扑火式的自毁，实在不像是上官婉儿所为。

其二，政治考量。男欢女爱于政治抱负、于权力来说，终究只配做点心，至多也就是个饭后甜品。这，应该是上官婉儿在武则天身畔学到的最重要的东西。

一个及长便"明习吏事"又"天性韶警"的女政治家，会自动赋予自己所有活动以政治优先性，因之上官婉儿在武则天时代的忠诚，应是无须怀疑的。但这忠诚也像高宗在世时武则天对高宗的忠诚，与其说是情感上的坚贞，不如说是深思熟虑的政治考量。同理，这种政治考量会让武则天在高宗病危时，顾虑到权柄顺利移交，自行做主将高宗带到自己的势力范围——洛阳，却不顾及高宗临终想回长安的遗愿："天地神祇若延吾一两月之命，得还长安，死亦无憾。"（《旧唐书》）亦同理，数年后，当武则天大势已去、行将就木时，上官婉儿也会果断参与神龙政变，一举推翻女皇，以此换来自己在中宗朝的无限风光。

然，触怒女皇究竟为何，真相早已湮没在历史烟云中，无从查证。也许，与追究缘由相比，更值得关注的倒是刑罚本身：黥其面。

黥面，又称墨面，即在脸上烙下文字或花纹，属五刑之一。古代五刑分为两种：奴隶制五刑和封建制五刑。奴隶制五刑指墨（又称黥，面部刺字并染墨）、劓（割掉鼻子）、刖（砍掉脚）、宫（腐刑。我知道你想到了司马迁）、大辟（死刑）。秦亡汉立以后，随着社会进步、文明程度的提高，旧时的奴隶制五刑渐为封建制五刑所取代，即笞（用小荆条拧成的刑具抽打臀部）、杖（用粗荆条拧成的刑具抽打背、臀和腿）、徒（强制性劳役）、流（流放到边僻之地）、死（死刑）。

上官婉儿所受黥刑，固为奴隶制五刑中量级最轻的，但是再想想吧，在面部刻字啊，无非意在提醒上官婉儿，她的出身，且让她终生铭记，她只是没入掖庭的罪臣之后，女奴而已。有她武则天在的一天，上官婉儿的生死或生不如死，皆是她说了算。

施于面部的黥刑，不仅上官婉儿自己每次梳洗时都能看到，任何与她照面的人一眼也可认出。如果说游街是一种凌辱，虽无身体的痛楚，围观者的谩骂和扔在脸上的臭鸡蛋、烂菜叶也损伤不了什么，但它是人的精神和尊严上的一种凌迟。那墨面就像是终身的游街，终身的凌迟。携带着奴隶的印迹行走于世，暴露在天下人的目光中，即便后来在她最辉煌的时期，迎风立彩楼评判当朝最优秀的诗人时，这个印迹却永不磨灭。

武则天在上官婉儿面部何处刺字，并不确知。史传，女皇的刀子扎在眉心。婉儿为遮盖眉心刺印，贴上梅花状的面饰，精心加以掩饰，却无意间引领了美妆潮流，时尚女性争相仿效。

时谓梅花妆。

武则天称帝

嗣圣元年（684），李敬业幕僚骆宾王写诗《讨武曌檄》，讨伐武则天。长诗最后一句"请看今日之域中，竟是谁家之天下"，豪情万丈，俨然正义使者。

秋冬之际，叛军攻陷润州后，军威大振，其时，骆宾王又写一首广为流传的五绝《在军登城楼》。

城上风威冷，江中水气寒。

戎衣何日定，歌舞入长安。

江，指长江，润州北临长江。戎衣何日定，出自《尚书·武成》："一戎衣，天下大定。"意谓即日便能收复山河，天下大定。时值秋冬之交，登临城楼，举目四望，万木枯涩，江水寒凉，天地间一派肃杀之气。然匡复之志在胸中升腾，待号令天下，着戎衣起事，入主长安。开歌舞升平之盛世，将指日可待也。

这首五绝何等雄浑、高亢，不愧出自初唐四杰之一的大才子之手。然，武则天调集大军三十万，仅用一个多月的时间，便平定了这场唐开国以来规模最大的叛乱。

没有什么能阻挡武则天前进的步伐了。

天授元年（690）重阳节，大周女皇登基，称"圣神皇帝"，宣洛阳为神都，改置社稷，换旗帜尚赤红色，改李唐宗庙为享德庙、武氏七庙为太庙，追尊武周的显贵门第。

其时太平公主、上官婉儿皆二十七岁，目睹秋色长天中，一代女皇武则天立于巍峨的皇宫门楼，接受万民朝贺，她们内心作何想法？那彩旗飘扬、震天鼓乐中，抑或有一阵军营内战鼓的擂动声，穿越时间的隧道，进入她们的心中。

那战鼓声来自娘子军，来自平阳公主的号令。

隋末，天下大乱，群雄并起，逐鹿中原。唐国公李渊举反隋大旗，起兵晋阳，号令天下。李渊三女儿平阳公主获悉父亲王霸大业，动员丈夫柴绍北上助力，自己则在南山脚下、关中平原一带，散尽家财，招兵买马，为父助威。终集结七万精锐，枕戈待旦，肃清京城周边，协父顺利入主长安。烟尘滚滚，军旗猎猎，这支威震八百里秦川、人称"娘子军"的军队从人们的视野中呼啸而过。马队为首的，正是这位巾帼豪杰，披甲挎刀，英姿飒爽……

这幅雄阔的画面一定长久地、长久地，定格在唐一代女性的脑海中。在上官婉儿心中，在太平公主心中。它一定也曾出现在武则天的脑海中，这位有唐一代唯一拥有军功、开府建衙的公主，鼓舞着武则天从"见天子庸知非福"，一步步，荣登大宝、莅临天下，直至完成了约半个世纪的统治。用学者蒙曼的话说，武则天"一手拉住贞观之治的余韵，一手挽起开元盛世的开篇"。

前有平阳公主，现在有武则天。唐一代，"她"的故事一直在流传。

无论英雄、枭雄，都在好时光。

第六章
武三思，
俗世之欲

檀栾竹影，

飙飑松声。

不烦歌吹，

自足娱情。

——《流杯池》之六

檀栾，形容竹影的秀美身姿。飙，暴风，旋风，如曹植《杂诗》："何意回飙举，吹我入云中。"飑，大风。竹影婆娑，松涛滚滚，这般美景，不用歌舞相助，已然能够怡情。有诗评认为此诗得陶渊明"采菊东篱下，悠然见南山"之神韵，又或与王维"明月松间照，清泉石上流"有异曲同工之妙。

细读之，吾不以为然。

竹影对松声，仍是上官婉儿喜欢的意象并置。竹丽影姿柔、深秀婉媚，有女性阴柔之美，且近在眼前。远处的阵阵松涛，在疾风中呼啸滚过，呈现的不仅是相对竹影之妩媚而言的雄刚之态，还有一种危机感。或是箭在弦上的紧迫，又或时而浮现、时而隐匿但从未消弭的，杀机。

再将第一、二句这两个意象组合着看，这幅画面，一柔一刚，张力尽显。深秀娴婉中掠过风声鹤唳的暴烈，恰如宫廷，表面华丽吉祥，岁月静好，底下风起云涌，瞬息万变。这自然是处于宫廷政治斗争旋涡外的陶渊明、王维等诗人所无法体会的，所以他们的诗才有一种与世无争的从容。或也正因此，上官婉儿山水诗里又有通常隐士诗没有的特别韵味，一种凛冽的、咄咄的、甚至让人产生逼迫感的美。

山水诗中亦露峥嵘。这，便是上官婉儿的人生。

武三思

光阴流逝，人生倏忽。不知不觉中，又经年。万岁通天元年（696），上官婉儿三十三岁了。从十三岁进宫，以高宗才人的名义，长住后宫，为女皇工作已经二十年。若生在寻常家庭，做一个寻常的妻子，做一个寻常的母亲，此时或许已儿女成群了。

然，人生毕竟无法假设。道是生老病死，爱恨嗔痴，人生不过如此，万变不离其宗。

其实人生又是那么不同。一念天堂，一念地狱，抑或一转身转念之间，天地就已大不同。若当年真成为高宗才人，此时也许是在感业寺与青灯为伴，说是为先帝为大唐诵经礼佛，其实大唐已无关其事。又或，膝下有个一男半女，母以子贵，慵懒平和地在后宫了此余生。但又只怕错过了那些热闹、那些风云际会，也未必是婉儿夙愿。

遇到武则天，也许不是上官婉儿最好的归宿，但无疑是最适合她的。她生来就是要与男儿争锋，过一种充满争议的人生。万岁通天元年（696），李氏退休，三十三岁的上官婉儿成为掌机要，意即武则天的首席秘书，《太平广记》卷二百七十一引《景龙文馆记》载："自通天后，逮景龙前，恒掌宸翰。其军国谋猷，杀生大柄，多其所决。"如履薄冰的学徒期已近尾声，上官婉儿正在步入人生佳境。

据学者推测，上官婉儿与武三思那段著名的私情，亦开始于此时。

她注定会过一种充满争议的人生，连一段私情也要被轰轰烈烈地载入史册。《旧唐书》载，"婉儿既与武三思淫乱"，《新唐书》亦载，"婉儿通武三思"。用词一为"淫乱"，一为"通"，简单粗暴，不留余韵，时隔千余年，读之尚能感觉到道德卫士们对这段私情恨得牙痒痒的样子。

武三思，生于贞观二十三年（649），其父武元庆是武则天同父异母的哥哥。后武元庆哥几个得罪了武则天，被流放岭南，武三思亦随父流放。又过十余年，武则天不满足于当皇后，想自个儿开张做皇帝，遂决意培植自己党羽，接回岭外的亲戚们。侄子武三思亦被其收在麾下。从岭南回京，武三思陆续被授夏官、春官尚书，监修国史，封爵为王。《新唐书》《旧唐书》之《武三思传》中武三思一生的"辉煌"履历，即从此时开始。

若综合各类史料，为武三思画像，"无耻之徒"这个称号，武三思当之无愧。时人将之比作司马懿，谓其扰乱朝堂、阴谋窃国。在辅佐武后问鼎帝座的过程中，以及其后十余年的酷吏政治中，武三思手上没少沾人血。包括绞杀李唐宗室的多位后人，可谓李唐不共戴天的仇敌。又，先后私通于上官婉儿、韦后，秽乱后宫，亦联手诛杀唐史赫赫有名的神龙政变的五位功臣，且手段阴狠毒辣，后来竟又谋划废除太子李重俊，终为自己招来杀身之祸……

《旧唐书》载武三思名言："不知何等名作好人，唯有向我者，是好人耳。"不知道也不在乎什么样的人才配叫好人，反正对我好的就是好人。

《旧唐书》亦载，武三思"性倾巧便僻，善事人"，生来谄媚，曲意逢迎，毫无节操和底线可言。总之，无能力、无风骨、无底线，正史中作为"三无"人员的武三思，倒是修炼了一身溜须拍马的本事。武则天欢喜啥他便拍啥，义无反顾，没有任何思想负担。武三思拍的最多的便是武则天的男宠。先是"唐朝第一男宠"冯小宝，也称薛怀义。《旧唐书》载，"怀义欲乘马，承嗣、三思必为之执辔"。一看见薛怀义要上马，赶紧屁颠颠奔过去牵着缰绳。

宠幸十载，薛怀义倒台，二张兄弟取代，武三思不遗余力继续拍。《旧唐书》载，武三思"又赠昌宗诗，盛称昌宗才貌是王子晋后身，仍令朝士递相属和"。王子晋，乃周灵王太子，生性寡欲、好道，他舍弃王位，往嵩山修行，后驾乘一只白鹤翩然升天。武三思拍张昌宗是王子晋转世，冉冉有仙气。张昌宗听着高兴，一喜之下，把武三思推为自己搞的文学沙龙"十八高士"之首。

想来，武三思也真是"性倾巧便僻，善事人"，不管是老板还是老板的情人，总能讨得他们欢心。但，又想来，这个本事的练就，此番人生真谛的领悟，也许是成长于岭外的武三思，在瘴疠遐荒之中痛定思痛的结果。曾几何时，他的父亲、伯父们可都是栽在了不懂说话艺术这件事上，并为之付出了惨重的代价。

相似的运命

武则天父亲武士彟是唐代开国功臣，曾任工部尚书。他初娶相里氏，生武元庆、武元爽，又娶杨氏，是为武则天的母亲。武士彟去世后，杨氏带着武则天姊妹三人投奔荆州的武元庆、武元爽兄弟，遭到了侮辱与虐待，甚至侄子武惟良、武怀运也对杨氏无礼。多年后，武则天成了皇后，循例，哥哥们都加官晋爵。其中，武元庆由右卫郎将迁为司宗少卿。

但他们似乎并不领情。

某日，杨氏设家宴款待子侄，宴席中回想当年寄人篱下的酸楚，难免语带傲慢，谓武氏兄弟："颇忆畴昔之事乎？今日之荣贵何如？"杨氏提醒子侄，当年你们百般欺凌我们母女，如今的富贵却是我女儿的恩赐，对这件事，你们怎么看？但凡话说到这分上，一般就只能磕头如捣蒜，千恩万谢，表完能想到的所有忠心就是了。

只是有时人被摁住脑袋强行要求感恩，也会生出逆反心。武家兄弟如是。《资治通鉴》载，这哥几个中的老大武惟良代兄弟们回复："惟良等幸以功臣子弟，早登宦籍，揣分量才，不求贵达。岂意以皇后之故，曲荷朝恩，夙夜忧惧，不为荣也！"不点赞也罢了，还说咱兄弟好歹都是功臣之后，所得荣华皆自个儿挣来的，且揣分量才，安于现状，求皇后千万别胡乱施恩。若是无功受禄，我们夙夜忧惧，只会平添烦恼。

逞一时口舌之快，后果便是，武家兄弟拖家带口，被武则天贬到岭南烟瘴之地。武三思父亲武元庆熬不住，很快就去世了。武三思生于贞观二十三年（649），随父流放时，不足十岁。

岭南，又称岭表、岭外，泛指五岭以南地区，约指今海南、广东、广西大部、云南南盘江以南和越南北部。远古的《山海经》中提到的"儋耳""雕题""鼻饮""贯胸"等国即在这一带。相对其他地区，岭南开发很晚，秦始皇统一六国后才在这里置郡。又因地势险峻，山高水深，绵长的五岭阻隔着吴越、楚蜀文化与岭外的交洽，因之岭南地区一直封闭，遗世独立于北方文明之外。

唐一代，统治者倒是极看重岭南这块宝地。因其远离当时的政治文化中心京都长安，又炎热潮湿、瘴疠肆虐，流放到此者往往九死一生。统治者每次要教训不听话的臣属时，就把他们赶到这里，任其自生自灭。

神龙政变（705）爆发后，当朝红极一时的宫廷诗人宋之问、沈佺期、杜审言等，因媚附二张兄弟，便在其失势后遭贬岭外，且均留有诗作。从其诗作中可一窥当时岭南一带原生态的"自然风光"。

宋之问《至端州驿见杜五审言沈三佺期阎五朝隐王二无竞题壁慨然成咏》：

> 逐臣北地承严谴，谓到南中每相见。
> 岂意南中歧路多，千山万水分乡县。
> 云摇雨散各翻飞，海阔天长音信稀。
> 处处山川同瘴疠，自怜能得几人归。

在端州驿站，宋之问见到了杜审言、沈佺期等故旧，题诗慨叹人生浮沉。第三联情绪已然委顿，大难临头，各求自保。只是这边鄙蛮荒地，海阔天长，音信怕是要断了。尾联更是哀怨，处处山川，烟瘴蒸腾，不知还能不能活着回到京城。

杜审言，即杜甫祖父，神龙政变后被流放至峰州（今越南越池东南），虽有幸不久后即被召回，任国子监主簿、修文馆直学士，但裹挟了一身瘴疠与伤病，三年后便去世了。

如掖庭之于上官婉儿，岭南之于武三思，怕也是铭心刻骨的创痛吧。逃离鬼门关已属难得，若有可能，一个人定会竭尽全力抓住哪怕一丝的机会，只为了避免重堕地狱。

十余年过去，高宗、武后并称天皇、天后，此时武则天感到培植外戚的必要。清点武氏一族，发现自己的兄弟姐妹死的死，亡的亡，能指望的血缘亲人很少了，只有几个侄子还在岭南。于是，上元元年（674），武则天称天后前的几个月，侄子们被召回长安，封官袭爵。其时武三思约莫二十五六岁，已在岭南度过了整个的少年时期。

从时间上看，武三思从岭南回到长安，与上官婉儿走出掖庭进入禁中，前后相距不远。理由也只有一个，武后需要培植自己的党羽。

多年前，他们的命运遭逢拨弄、牵连；多年后，又一次被改变。不为其他，只因政治，因武则天这双翻云覆雨之手。也可说，不管之前的家破人亡，还是现在的宫廷聚首，上官婉儿与武三思的因缘际会，早被注定。

一个是女皇的私人秘书，常常陪侍在女皇身旁；一个是承姑母恩赐终于离开蛮荒地的侄子，需要时常进宫报备，讨姑母欢心。后宫之中，经常碰面想必也是不可避免的。本就是经历相似之人，又同是服务于父辈、祖辈的敌人，那些面对女皇时的战战兢兢，那些极细小琐碎的卑微低贱，那些深刻的不安、疑惧，那些人性中的孱弱、阴狠、挣扎……凡此种种情绪，或也会窸窸窣窣，自动生长，逐渐生出同命相怜、相惜之情。

当然，这怜，这惜，亦只能是羸弱的，甚或畸形的，长在一片庞然的阴霾之下，先天不足，无光亦无水，如同牵在石壁上形状狰狞的枯藤。

石本无情，即便牵住也无法生根。虽然丝丝缕缕，缠绕攀援，可依然是没有生命的藤蔓。

《旧唐书》载，武三思"证圣元年（695），转春宫尚书，监修国史。圣历元年（698），检校内史。二年，进拜特进、太子宾客，仍并依旧监修国史"。身为掌机要的上官婉儿，参与编修国史，亦是工作的一部分。职务所致，工作之便，接触会较以往繁多，上官婉儿与武三思，私情应定于此时。

其时，武则天年过七旬，垂垂老矣。储君之立，迫在眉睫。宫廷风云必将再起。两位运命相似之人，抱团取暖，或有丝缕情愫吧，但更多的应是现实的考量。

狄仁杰释梦

想必真的老了。武则天叱咤一生，终在自己和王朝的归宿上，犹豫了。她忽而拔擢武家子弟，忽而又恩赏李家后人，在娘家和婆家之间摇摆不定，心意难测。

倘在娘家立一位侄子当太子，女皇此生的心血武周王朝或还将传承，但这也意味着女皇将彻底背叛李唐宗室，无论高宗还是李家子孙。李家祖祀供奉，将无她一席之地。但娘家和婆家，总得有一方要放弃。这个千古难题，连一代女皇也免不了头疼（所以，大家想开些）。

有犹疑，便有缝隙，便有攫夺，这也加剧了朝堂中的暗涛汹涌。最为活跃的势力有两派。一派是武则天的两个侄子武承嗣、武三思。另一派是一批虽服务武周却心系李唐的老臣，如李昭德、魏元忠、狄仁杰等。道是民心所向，天下人皆翘首李唐复兴，期盼脱轨的王朝回归正统，可民心很虚，实力才是真的。武家子弟跟着武则天混了那么多年，鞍前马后，活也没少干，又与武则天两个心肝宝贝张氏兄弟往来密切，家底甚厚，不容小觑。

在这个历史的关键时刻，大家伙都无比熟悉的，经常在影视剧中力挽狂澜的狄仁杰，再度登场了。其实，在整个武周一朝，这位老兄，一直都是在场的，还在酷吏时代被陷害，入过狱、上过刑，也是武则天最为看重的大臣，被以"国老"亲切称之。只是从前狄国老都在背景里，这一次，他亲自出场，左右了储君之立，也影响了上官婉儿和武三思的命运。

神功元年（697），狄仁杰以六十八岁高龄，再登相位。这一次拜相，至久视元年（700）病故，不到四年时间中，狄仁杰主要干了两件大事。其中一件，便是竭力劝谏武则天立李显为太子。

史载，狄仁杰游说武则天，主要从两个方面入手。其一，利用"太庙祭祀"打动武则天。女皇春秋已高，武承嗣做太子心切，暗中授意心腹，联络数百人，联名上书要求立自己为太子，是谓"来自民间的呼声"。又牵头搞规模宏大的请愿，要求给女皇加尊号"金轮圣神皇帝""越古金轮圣神皇帝"，这马屁拍得女皇相当舒服，加之武承嗣那句"自古天子未有以异姓为嗣者"，女皇看侄子们的目光便格外亲切了。

　　这一亲切，狄仁杰便耐不住了。《资治通鉴》载，狄仁杰是这么怼武则天的："大帝以二子托陛下。陛下今乃欲移之他族，无乃非天意乎！且姑侄之于母子孰亲？陛下立子，则千秋万岁之后，配食太庙，承继无穷；立侄，则未闻侄为天子而祔姑于庙者也。"高宗将孩子们托付于您，您却欲立他姓之人做太子，此乃违背天意，高宗会怎么想？再说，姑侄情与母子情，哪个更近？您立自己儿子做太子，千秋万岁之后，自然配享太庙，承继无穷。立侄子？哼哼，您有听说过侄子当皇帝而在太庙祭祀姑姑的？

　　这席话是颇具威慑力的。若立了武家子弟，自己百年之后，既进不了武氏太庙，又会遭到李家列祖列宗的遗弃，自己无人祭祀，会成为孤魂野鬼不说，高宗都会跟着挨饿。再有一个潜在的危险，若武家子弟掌握皇权，李唐宗室势必再一次遭到清洗，她的后人怕是会被连根拔除。念及这些身后可能发生的悲剧，武则天怕也会脊背发凉吧。

　　其二，历史证明，狄仁杰不仅会断案，摆大道理吓人，释梦的功夫也是一流的。据载，圣历元年（698）某一晚武则天做了个梦，梦里看见一只鹦鹉。但鹦鹉的一对翅膀折断了，匍匐在地，飞不起来。武则天困惑，上朝时环视群臣，看谁能解梦。狄仁杰闻之，马上站出来："鹉者，陛下姓也；两翅折者，陛下二子庐陵、相王也。陛下起此二子，两翅全也。"（《太平广记》）鹦鹉，武也，那不就是陛下您吗？被折的两翅，就是遭贬谪的庐陵王和遭幽禁的相王呀，只要陛下起用二子，鹦鹉的翅膀自然就全了。瞧瞧狄仁杰这应变能力，得幸武则天梦见的不是乌鸦、麻雀什么的。

　　另一次，武则天梦见和大罗天女打双陆棋，总是无法取胜，"局中只要有子，旋即被打将，不得其位，频频输给天女"。堂堂一女皇，在梦里下个棋都老输，武则天很是郁闷。狄仁杰又释梦："双陆不胜，盖为宫中无子。此是上天之意，假此以示陛下，安可久虚储位哉？"棋不胜，是因为您大本营里没有"子"，没"子"便赢不了。这是上天在给您提示，储君之位不可久虚，您看是不是应该接回您的"子"呢？

如此这般，狄仁杰万变不离其宗，啥事都能扯到立储，武则天也有不痛快的时候："此朕家事，卿勿预知。"这是我家事，我心里有数，别老是瞎叨叨了。狄仁杰则慷慨陈辞："王者以四海为家，四海之内，孰非臣妾，何者不为陛下家事！君为元首，臣为股肱，义同一体，况臣备位宰相，岂得不预知乎！"（《资治通鉴》）王者以天下为家，您的家事就是国事，国事就是您的家事，君为国家头脑，臣为国家股肱，我怎么就是瞎叨叨了。总之，每论及立储诸事，狄仁杰便开始念他那本经，"每从容奏对，无不以子母恩情为言，则天亦渐省悟"（《旧唐书》）。

《旧唐书》载："初，中宗自房陵还宫，则天匿之帐中，召仁杰以庐陵为言。仁杰慷慨敷奏，言发涕流，遽出中宗谓仁杰曰：'还卿储君。'仁杰降阶泣贺。"武则天派人将李显悄悄接回宫中，藏在帐后，召狄仁杰觐见，佯装讨论立储之事，狄仁杰照例慷慨陈言，说到动情处，鼻涕眼泪直下。武则天将李显从帐后请出，推到狄仁杰面前，说"还你储君"，狄仁杰惊喜交加，含泪拜贺。

这一年是圣历二年（699），流放房州数年的李显，终于做回了太子。这是他第二次当太子了。汲汲于东宫之位的武家子弟一下子薨了，武承嗣闻之郁郁，半年后就挂了，至此，武三思落了单。为求自保，武三思不得不进入蛰伏期。

立李显为太子，意即武则天终于决意还政李唐，武周王朝行将终结。古人云，一朝天子一朝臣，更何况，武三思是外戚，上官婉儿是女皇秘书，李唐天下将无这对政治鸳鸯的容身之所。

不愧为狄国老手笔，他一出手，上官婉儿和武三思就即将成为前朝旧人。但，想来没有人甘心就这样坐以待毙。

女皇默许

姑姑毕竟也是亲姑姑。武承嗣虽然挂了，还有一个武三思，武则天岂会眼睁睁看着侄子成为李家刀俎下的鱼肉？在立李显为太子，擢狄仁杰为兼纳言的同时，武则天也给武三思升了官，提拔武三思为检校内史。

前面说过，即便身为皇帝，武则天也免不了夹在娘家和婆家之间，左右为难，但这与寻常家庭到底又是不同的。世俗夫妻，家庭关系矛盾重重，无非就为一些钱财一些口舌，再怎么窝里斗，也掀不起什么大浪来。可这武家和李家要是不合，就意味着互相残杀，大肆屠戮，说不定还会把江山也给葬送了。所以，设法维系李武两家势力的平衡，一直是武则天的心中大事。

早在垂拱年间，武则天便着手策划了，方法便是把李家的女儿都嫁到武家。太平公主之夫薛绍在宗室谋反案中株连被杀后，武则天做主，把太平公主嫁给了自己的堂内侄武攸暨。久视元年

（700），李显女儿永泰公主以永泰郡主的身份，下嫁武承嗣的儿子武延基。长安年间（701～704），李显另一个女儿安乐公主又以安乐郡主的身份，下嫁给武三思的儿子武崇训。

李武两家联姻，你中有我我中有你，在人伦、利益上进行捆绑，难以切割，即便李家人当皇帝，武家也会在武则天宾天后多一份保障。此种背景下，上官婉儿与武三思的私情，或既是两人自己的意愿，其实又是得到武则天默许的，抑或这原本就在武则天的棋局之中。《旧唐书》载："婉儿既与武三思淫乱，每下制敕，多因事推尊武氏而排抑皇家。"可见这段私情，在当时对朝局、对李家是有相当掣肘的，这一定也是武则天的目的。

武周王朝终将结束，一代女皇终将卸掉所有盔甲，回到皇后的身份。在与狄仁杰等李唐老臣达成的默契中，武则天不得不默认，自己的王朝，自己一生的心血，在有唐一代绵延约三百年的历史中，只是一个小插曲。王朝终将回归正统，回归李家。

不管谁的天下，逝者已登极乐，活着的人却还要努力地活下去。武三思，或许便是武则天为上官婉儿在新朝中所做的安排吧。这显然并不是一个好的归宿。武则天也只能是尽力保全各方而已，一如当年的太宗。

尽力罢了。一代女皇既无法保住自己的王朝，她要保全的人，也未必保得住。第一个反对她的，就是她以"国老"敬称的狄仁杰。

久视元年（700）三月，武则天在嵩山石淙河畔的别墅三阳宫竣工。七月，武则天率领浩浩荡荡的队伍，聚集在石淙河畔，消夏避暑。这群人中包括太子李显、相王李旦、梁王武三思、宰相狄仁杰等。这是武则天为协调李武两家关系，所做的最后一次努力了。七十七岁的武则天兴致很高，当场赋诗一首：

石淙

三山十洞光玄箓，玉峤金銮镇紫微。

均露均霜标胜壤，交风交雨列皇畿。

万仞高岩藏日色，千寻幽涧浴云衣。

且驻欢筵赏仁智，雕鞍薄晚杂尘飞。

李显、李旦等均有和诗，其中梁王武三思和诗《奉和圣制夏日游石淙山》：

此地岩壑数千重，吾君驾鹤□乘龙。

掩映叶光含翡翠，参差石影带芙蓉。

白日将移冲叠嶂，玄云欲度碍高峰。

对酒鸣琴追野趣，时闻清吹入长松。

狄仁杰和诗《奉和圣制夏日游石淙山》：

宸晖降望金舆转，仙路峥嵘碧涧幽。

羽仗遥临鸾鹤驾，帷宫直坐凤麟洲。

飞泉洒液恒疑雨，密树含凉镇似秋。

老臣预陪悬圃宴，余年方共赤松游。

美山。美水。美酒。美诗。久悬心中的难题似也终于解决，一时间倒也母慈子孝，君臣和睦，一副太平盛世的景象。

只是天下没有不散的筵席。这年冬天，七十一岁的狄仁杰病故于洛阳私宅。武则天环顾朝堂，难抑悲伤："狄公一去，朝堂空矣。"下令废朝三日，致哀狄公，并追赠狄仁杰为文昌右相，谥号"文惠"。

但，武则天肯定不知道，狄仁杰不买她的"李武联盟"的账。石淙河畔的消暑聚会亦不过是表面和谐，实则各怀心机。

狄仁杰临终遗言："梁王三思尚掌权，可先收而后行也。不然，则必反生大祸。"翻译成大白话便是：弄死武三思！

第七章

诗歌大唐

放旷出烟云，

萧条自不群。

漱流清意府，

隐几避嚣氛。

石画妆苔色，

风梭织水文。

山室何为贵，

唯余兰桂熏。

——《流杯池》之七

本诗是上官婉儿于流杯池前又一幅对隐士生活的摹写：出没于山野烟云间，孤傲峭劲，远离尘嚣，引泉水为浴，伏几案静读，窗外天地，舒阔自在，石壁青苔，斑驳离离，溪涧微澜，山风水纹。君若问山中陋室何为贵，唯余兰桂香也！

颈联"石画妆苔色，风梭织水文"，被诗评者形容为"如画的诗"，画面感浓烈，又笔致清婉。"妆""织"两个动词，落墨轻柔，女性特有的感知力荡漾其中。历来我们熟悉的隐士诗笔，多属男性视角，或可说，"归隐"传统原本也是男性专属。因之，传统视角中的隐士山野，其实性别为"雄"。

而此帧诗画中，从妆、从织，显见是女性眼里的隐士山野，明秀深丽，婉然娴静，没有男性隐士诗中经常暗藏的牢骚或以隐明志的得意。而这分明又是无心的。比较上官婉儿同时期所作的气势雷霆的应制诗可知，她完全有能力写出男性化、气象恢宏的山水诗。

或许妙也妙在此，当一位女性在政治斗争中，必须有意识地淡化自己性别，去迎合角斗场的规则时，无意间"真我"的流露，是令人怦然心动的。

龙门赋诗

久视元年（700），武则天七十七岁，真真是耄耋之龄了。女皇垂暮，不再如以往那般铁腕，反倒多了些长者的慈悲。先是在嵩山石淙河畔，把她生命里所有重要的人召集到一块儿，搞了一次家庭聚会，史称"石淙会饮"。又值七夕佳节，请道士胡超替她到嵩山投下一枚金简。金简上镌刻铭文：

> 大周国主武曌，好乐真道，长生神仙，谨诣中岳嵩
> 高山门，投金简一通，乞三官九府，除武曌罪名。太岁
> 庚子七月甲申朔七日甲寅。小使臣胡朝稽首再拜谨奏。

此金简中，武则天祈求三官九府，免其生平罪过，助其恢复健康。轰轰烈烈一辈子，大半生都在冷酷地杀戮，最终，对死亡的忧惧终也让女皇变得谦卑起来。接连几场大病之后，或许预感到自己时日不多，武则天不再像从前那般勤勉政务，而是开始享受生活。

争权、杀人是生活，游宴、娱乐也是生活。

生逢诗歌盛世，这一切又怎能没有诗歌的参与呢？太宗、高宗时，上官仪备受两位帝君赏识，曾为两朝重要的宫廷诗人，并创造了名极一时的"上官体"。如今，数年过去，在武周一朝，上官婉儿承祖父衣钵，一颗诗坛新星冉冉而起。

四朝元老张说在《唐昭容上官氏文集序》中追述了则天朝后期种种文化活动，以及上官婉儿的参与："每务豫宫观，行幸河山，

白云起而帝歌，翠华飞而臣赋，雅颂之盛，与三代同风，岂惟圣后之好文，亦云奥主之协赞者也。""奥主"即上官婉儿，"协赞"谓从旁协助。记载虽简略，也约莫可推测出此类活动的流程：女皇命题，群臣赋诗，婉儿协助女皇评诗、判诗，列出上下，奖掖优秀。

因之可想见，凡皇家游宴都属盛事，不仅为诗歌的饕餮华宴，于"学得文武艺，卖与帝王家"的才子们，无疑也是博女皇青睐的机会。《唐诗纪事》载有一则故事，名曰"龙门赋诗夺锦袍"："武后游龙门，命群臣赋诗，先成者赐以锦袍，左史东方虬诗成，拜赐，坐未安，之问诗后成，文理兼美，左右莫不称善，乃夺锦袍赐之。"

武则天游幸洛阳龙门石窟，萌思古幽情，诗兴大发，命众人各赋诗一首。奖品是一袭御赐锦袍。最激烈的争夺在两位诗人东方虬和宋之问之间。

东方虬的诗作已经遗失，但宋之问的《龙门应制》流传下来。

宿雨霁氛埃，流云度城阙。

河堤柳新翠，苑树花先发。

洛阳花柳此时浓，山水楼台映几重。

群公拂雾朝翔凤，天子乘春幸凿龙。

凿龙近出王城外，羽从琳琅拥轩盖。

云罕才临御水桥，天衣已入香山会。

山壁嶒岩断复连，清流澄澈俯伊川。

雁塔遥遥绿波上，星龛奕奕翠微边。

层峦旧长千寻木，远壑初飞百丈泉，

彩仗蜺旌绕香阁，下辇登高望河洛。

东城宫阙拟昭回，南陌沟塍殊绮错。

林下天香七宝台，山中春酒万年杯。

微风一起祥花落，仙乐初鸣瑞鸟来。

鸟来花落纷无已，称觞献寿烟霞里。

歌舞淹留景欲斜，石关犹驻五云车。

鸟旗翼翼留芳草，龙骑骎骎映晚花。

千乘万骑銮舆出，水静山空严警跸。

郊外喧喧引看人，倾都南望属车尘。

嚣声引飏闻黄道，佳气周回入紫宸。

先王定鼎山河固，宝命乘周万物新。

吾皇不事瑶池乐，时雨来观农扈春。

黄道，太阳的轨道，此处形容帝王之道；鼎，王朝正统的象征。此诗将皇帝出游的仪仗、排场，比作神仙下凡，不吝华美铺陈，浩浩荡荡，一路奔泻，虽不免堆砌、冗长，可通篇洋溢着的壮丽雍容、君临天下的气度，一定是武则天喜欢的。因之，前面先已赐予东方虬的锦袍，竟被武则天亲自夺下，转赐给了宋之问。

"龙门赋诗夺锦袍"这则典故，妙在一个"夺"字，声形并茂，动态且有画面感。尤其"夺"的施动方乃堂堂女皇武则天，不惜纡尊降贵，不惜在众目睽睽下承认自己失误，将已恩赏的锦袍夺回，转赐予更有资格得到的人。由此可见女皇的爱才之心。因之这则典故深入人心，后世诗人常会引用，如杜甫《寄李十二白二十韵》："龙舟移棹晚，兽锦夺袍新。"陆游《赠邢乌甫》："割愁何处有并刀，倾座谁能夺锦袍？"

此般崇尚诗歌的世风中，武周一朝，上至女皇下至寻常百姓，俱以写诗为荣，因之，武周时期的文化发展相当鼎盛，古代诗歌的经典形式五律和七律，便于这个时期定型。世人所谓盛唐诗歌之风云之气象，并非横空出世，武周一朝的长久酝酿，断不可少。

初唐至盛唐诗风的蜕变中，上官婉儿功不可没。虽与祖父上官仪同为宫廷诗人，在承继"上官体"衣钵的同时，上官婉儿显然进行了革新。

初唐宫廷诗，渊源可追溯至南齐永明年间。宫廷诗兴盛之初，多脂粉气，咏风，咏花，咏雪，咏月，或咏风花雪月，都一脉相承，终究指向男女之情，因之，宫廷诗又俗称艳诗。比如，以残暴与才华齐名的隋炀帝，存诗四十二首，艳诗就占了四分之一，可说是个艳诗小能手了。

悠悠二百余年间，宫廷诗诗风屡有嬗变，至初唐太宗朝，宫廷诗中的脂粉气，已褪去不少。文人学士都有意识地避免在温柔乡里哼哼唧唧。《旧唐书》载有太宗想学写宫廷诗的轶事："帝尝作宫体诗，使虞世南赓和。世南曰：'圣作诚工，然体非雅正。上有所好，下必有甚。臣恐此诗一传，天下风靡，不敢奉诏。'"可见在虞世南、上官仪等诗人眼中，宫廷诗旧有的格调，已"体非雅正"，难登大雅之堂。

初唐宫廷诗人将视角从闺阁挪出来，转向宫殿之恢宏、宴饮之豪奢、自然之美景，凡此种种，宫廷诗的格局逐渐大了。上官仪创造的"上官体"一时颇为人追捧。然，上官体总体特点"绮错婉媚"，终究也流于雕琢，精致有余，气象不足，尚未完全脱离前朝旧习。看上官仪这首写于太宗朝的《奉和过旧宅应制》。

石关清晚夏，璇舆御早秋。

神麾飐珠雨，仙吹响飞流。

沛水祥云泛，宛郊瑞气浮。

大风迎汉筑，丛烟入舜球。

翠梧临凤邸，滋兰带鹤舟。

偃伯歌玄化，扈跸颂王游。

遗簪谬昭奖，珥笔荷恩休。

同为应制诗，都不免要照顾皇帝面子，都拔高了嗓门来歌功颂德。然，将此诗与宋之问《龙门应制》比较，后者在气象上，在雄丽意境的营造上，终胜一筹。这也是上官婉儿评诗的一个标准，谓之"健举"。

《唐昭容上官氏文集序》的作者张说，后来在李隆基授意下，编撰了上官婉儿的文集二十卷。可惜，文集全部遗失，仅序留存。上官婉儿在则天朝所作的应制诗，又只存一首十四岁时的《奉和圣制立春日侍宴内殿出剪彩花应制》，因之，则天时代，上官婉儿摒弃"上官体"的婉媚、探索并确立自己风格的过程，只能依据她后来在中宗朝的诗歌风格来略加推测，到底也无从细说。

无疑，秘密就藏在那遗落烟尘的二十卷文集中。

武媚娘，《如意娘》

永徽年间，先帝太宗驾崩，武媚娘与其他未有生育的嫔妃一道流放感业寺。白日长天，青灯梵钟。武则天年近而立，不甘人生就此谢幕，辗转想起太宗病榻前自己布下的一张网。

时机已到，该收网了。

如意娘

看朱成碧思纷纷，

憔悴支离为忆君。

不信比来常下泪，

开箱验取石榴裙。

相思成灾，神思恍惚，以至颜色都分不清了。这都是因为为你流了太多眼泪的缘故，你若不信，开箱便能看到我石榴裙上的斑斑泪痕。

女皇也曾为情神伤过、闺怨过。只是当年的高宗于她，不只是一份感情，更关涉她的人生前程，因之，《如意娘》与通常的闺怨诗又是不同的。

闺怨，重点在怨，怨而不能有恨，九曲愁肠，欲语还休，心有千千结。眼泪在眼眶里溜溜转，但别掉下来才好，吧嗒吧嗒落泪，怨的意境就破坏了，若还眼泪鼻涕一块儿，妆也哭花了，石榴裙也哭脏了，这怨就用力过猛，破相了。相思成殇、形销骨立，很美，若相思成灾，哭成这怂样子，就没诗意了，就有责难、怨愤的意味了。

但当年感业寺内孤立无援的武媚娘，想来也只有孤注一掷了，用学者蒙曼的话说，《如意娘》是武则天"扣开她自己命运之门的敲门砖"，在萧淑妃温柔乡里沉醉的高宗，能否顾念旧情，就在此一举了。因之，媚娘的《如意娘》又可谓一篇战斗檄文，置之死地而后生的。

人生有时果真存在奇迹。高宗啊，被媚娘这个哭法打动了。他从感业寺接回了这个女人，不仅给她新置了石榴裙，还给了许多许多。

《如意娘》成武则天一生辉煌的起点。二十八岁重返后宫，三十二岁成为皇后，四十岁与唐高宗并称二圣，五十岁晋升天后，六十岁成为皇太后，六十七岁称帝……

奉宸府内的酒会上，年近八旬的女皇，偶尔会在打盹、走神的间隙，想起从前的那些往事。当婉儿或太平留意到女皇倦态，在她耳畔低声询问，又会将她从流走的思绪中牵回眼前。

葡萄美酒，夜光杯，觥筹交错间，置身于以张氏兄弟为首的一群俊男妙女中，仅是看他们饮酒、赋诗、调笑，都宛在仙境。女皇向来都是美少年美少女的收集者。繁乱政务的疲惫中，斟酌某人该不该杀的烦恼中，年轻美好的躯体，充满胶原蛋白的青春脸庞，能让她看到生活的美好，生活的鲜艳。才貌兼备的太平和婉儿自是不可多得，连后宫做杂役的普通宫女，女皇也任性地要求一定得桃花玉面，她可不愿哪天抬头撞见一张肉团团的大饼脸，影响好心情。就是当年招来的那些个没文化只懂杀戮的酷吏们，也个个都是一等一的大帅哥。当百官上书请求问斩酷吏来俊臣，女皇还犹豫了好一阵呢。多好看的男孩儿啊，杀一个就少一个了。

女皇抬抬眼睑，眼光飘出去，在人群中流连。在这些年轻漂亮的男孩儿女孩儿中，婉儿和太平显得有些格格不入了。毕竟她们也年近四十，眼角眉梢都刻上岁月痕迹，目光里已不复少女的清亮，藏了许多心事。女皇或会想起初见婉儿的情形，一个身形瘦削的小丫头，朗声诵道"势如连璧友，心似臭兰人"，声音里还未脱少女稚气，但面对堂堂天后，居然也是从容的。她也会想起太平十来岁的样子，身着男儿装，现身宴会，暗示母后，女儿长大了，想招一个驸马了。

然而，女皇知道，与这些最格格不入的还是她自己。耄耋之龄，大病初愈，披挂一具衰朽的、做过种种修饰、由好胜心做底而强撑的肉身，倚靠在华贵龙榻，瞧着一群精力充沛、正当妙年的男孩儿女孩儿，目光里竟也不由得流露出慈爱，好似老祖母看着孙辈嬉笑打闹。有那么一会儿，女皇或又会想到自己刚入宫的那些年，年纪和他们一般大……然，在温糯酒精的刺激下，在老年人倏忽而至的疲困中，女皇的眼皮终于下垂。眼前晃动的人影逐渐模糊、遥远，岁月深处传来母亲轻轻的啜泣，而她对母亲回眸一笑，银铃般的声音，在时光中细碎地摇荡：见天子庸知非福……

石淙会饮

奉宸府，本是女皇命人建的一个文艺机构，到底有多文艺没关系，能陪她老人家消闲解闷儿就行。府内倒也经常举办个诗会、酒会，都由张氏兄弟坐镇主持，婉儿协助，太平客串。武则天由得他们去折腾。

可是，流言四起。说奉宸府打着文艺沙龙的幌子，实则花天酒地、尊卑不分。外廷官员也开始介入，上疏要求整改奉宸府。

那就改吧。怎么改呢？从单纯的文艺娱乐到做些实实在在的事情。在武则天的授意下，张氏兄弟开始领衔编书，书名《三教珠英》。三教，即儒、释、道，此书意为集萃三派思想的精华。编书工程通常浩大，需召集一批学者常驻奉宸府，于是乎，大量的文士学人自荐入府。比如诗人杜审言、沈佺期、宋之问，三人都为当时的一线诗人，粉丝众多，有相当的号召力，很快就被引进张氏兄弟的人才储备计划中。

有人开始从编书事体中嗅到了危险。当年的秦府十八学士，武后的北门学士，太子贤为《后汉书》作注的学者班子，等等，凡想在宫廷掀起一点浪的，都是从编书起步。张氏兄弟周围集结的文人，引起了一批老臣的警觉。

长安元年（701），张氏兄弟在武则天面前打了个小报告，说太子李显的长子李重润和永泰公主夫妇在背后非议他俩，具体如《资治通鉴》载："太后春秋高，政事多委张易之兄弟，邵王重润与其妹永泰郡主、主婿魏王武延基窃议其事。"太后春秋已高，政事多委张氏兄弟，意谓这哥俩包藏窃国之心。

武则天太知道这类流言的后果。慈祥了一阵的女皇，这次动了雷霆之怒，竟逼迫自己的嫡孙李重润、嫡孙女永泰公主以死谢罪。

本出于护犊子心切，然，武则天的处理方式让人们看到了另一种可能。仅仅一个小报告，张氏兄弟就轻轻松松地铲除了一个皇子一个公主，要知道李重润可是当朝太子李显和韦后唯一的儿子，将来皇位的继承人啊。前以编书名义培植羽翼，后又借女皇之手杀李唐后人，原以为只是以色相事人、没脑子的男宠，蓦然间崛起，在武则天生命末期发展为不可小觑的夺权势力。

朝堂内外为之震动。李唐老臣们不得不钦佩狄仁杰狄国老的先见之明。

久视元年（700）嵩山石淙河畔的夏令营活动，武则天也带上了张氏兄弟。她希望自己百年之后，兄弟俩能够得到保全，与李家、武家一笑泯恩仇，和平共处。兄弟俩也参与了赋诗活动。

奉和圣制夏日游石淙山

张易之

六龙骧首晓骎骎，七圣陪轩集颍阴。

千丈松萝交翠幕，一丘山水当鸣琴。

青鸟白云王母使，垂藤断葛野人心。

山中日暮幽岩下，泠然香吹落花深。

奉和圣制夏日游石淙山

张昌宗

云车遥裔三珠树，帐殿交阴八桂丛。

涧险泉声疑度雨，川平桥势若晴虹。

叔夜弹琴歌白雪，孙登长啸韵清风。

即此陪欢游阆苑，无劳辛苦向崆峒。

　　然，此次夏令营，最开心的只是女皇自个儿了。她是真开心，终于解决了一桩心事的开心。大家伙儿也开心，假装开心，哄女皇开心。

　　想想也真有意思，一堆水火不容、心里各有盘算的人，在武则天这个大家长的安排下，你侬我侬，发誓永远做一家人。相亲相爱，不相煎，不杀伐。当狄仁杰、武三思、二张兄弟觥筹交错间，偷偷溜出去的那些相互会意的眼风，自带"放心，我肯定弄死你"的杀气不说，对年老女皇一世英明此时却这般幼稚的举动，想必也一致默契地感到不屑吧。

　　狄仁杰去世时曾留下两则遗言。其一，关乎梁王武三思："梁王三思尚掌权，可先收而后行也。不然，则必反生大祸。"

其二，关乎二张兄弟："所恨衰老，身先朝露，不得见五公盛事，冀各保爱，愿尽本心。"所谓"盛事"，指神龙政变。行动目标：清君侧，除二张！

第八章
女皇的最后时光

霁晓气清和，

披襟赏薜萝。

玟瑉凝春色，

琉璃漾水波。

跂石聊长啸，

攀松乍短歌。

除非物外者，

谁就此经过。

——《流杯池》之八

霁，雨后或雪后转晴。薜，薜荔，一种灌木，叶圆花小。萝，女萝，爬蔓植物，如《楚辞·九歌·山鬼》曰："若有人兮山之阿，被薜荔兮带女萝。"谓山鬼身着薜荔，腰系女萝，后喻隐士着装。玳瑁，一种海龟科爬行动物，此处指仿玳瑁色的建筑构件"玳瑁梁"，即画梁。琉璃，琉璃瓦。跂，踮脚眺望。

雨后初晴，清晨，玳瑁画梁尚凝着春色，琉璃亭格摇漾着水波光影。又一个晦暗雨夜过去，天地间霁晓气清，万物为夜雨清洗，天清地宁，朝气勃发，瞧着都是好心情。此时不妨披襟赏薜萝，跂石长啸，攀松短歌。

705 年，神龙政变爆发，武则天退位，武周政权亡。其时上官婉儿四十二岁，终于从武则天的政治同盟中学成毕业了。近三十年的学习，她从女皇处获益良多。首要一条便是：抛弃于己不再有用的东西。武则天终生都在抛弃，儿子们，不听话的臣属们，用过的酷吏，老惹是非的男宠，甚至，弥留之际的高宗。

迎接崭新的未来，就得抛弃过去和过去的人。神龙政变中，上官婉儿抛弃了武则天。

狄仁杰挖坑

即便武则天在金简中，向三官九府祈愿，也未能换来衰朽肉身恢复活力，长安四年（704）入冬以来，武则天一直缠绵病榻，看来时不久矣。其时，三派夺嫡势力鼎立，虎视眈眈。第一派是皇族和拥护李唐的大臣，第二派是武三思为首的武家子弟，第三派是集结在张氏兄弟周围的投机分子。武家子弟，因武承嗣去世，力量虽有削弱，但武三思与二张兄弟过从甚密，前已有交往基础，眼前又有实利诱惑，这两派随时都有可能合作，不容大意。

时间仿佛停滞了般，在缓慢地延挨，长安四年的这个冬天尤显得漫长。迎仙宫内静寂如斯，终日飘荡着丹药的气味。轻微摇曳的华丽垂幔，影影绰绰的病容，宫女衣裙的窸窸窣窣，银勺磕在药碗边沿发出的梦幻般的轻响……非常时期，任何一滴信息，都会立刻飞出寝殿，成为政治内幕。

几派夺嫡势力在阴郁、紧张的对峙中，终于迎来了新年。

新年应有新气象。705年正月初一，武则天改年号为神龙，这一年又称神龙元年。然，新年并没有带来什么好运，神龙元年伊始，女皇继续卧病。所有要求觐见的朝臣皆被遣走，甚至也回绝了两个儿子的探访请求，《旧唐书》载，臣属向武则天上疏："皇太子、相王，仁明孝友，足可亲侍汤药。宫禁事重，伏愿不令异姓出入。"朝臣着急把太子送往女皇病榻，名为陪侍，实则监视，万一女皇宾天，太子即日登帝，顺理成章，也可因此免去许多额外的麻烦。

人至弥留之际，一切权力、荣华皆成幻影，回归人的身份，唯生死而已。外面那些等待的人，不论臣属还是太子，无不像催命符，时刻提醒着女皇，您该死啦。而想到自己殚精竭虑缔造的武周王朝行将瓦解，想到自己仍在努力求生，人家却在等自己死……因之，武则天不理会群臣抗议，继续终日幽居迎仙宫，身畔服侍的只有宫女和二张兄弟。

女皇的任性，可急坏了外边的人。自古"挟天子以令诸侯"的戏码时常上演，此时女皇若突然宾天，身边只有二张，他们再合谋武三思，矫制遗诏，李唐将再次陷入危殆……

但是，也别急，女皇是跑不了的。狡猾的狄仁杰，狄国老，早就已把坑给女皇挖好了。

前面说过，神功元年（697）狄仁杰以六十八岁高龄，再拜相位。这次宰相任职期间，狄仁杰主要干了两件大事。第一件，竭力劝谏武则天立李显为太子。第二件，狄仁杰借女皇之手，将一些重臣输送到重要职位，以备合适时机发动政变。

比如这位叫张柬之的老臣。

武则天爱慕人才，史有定论，谓其"课责既严，进退皆速，不肖者旋黜，才能者骤升，是以当代谓知人之明，累朝赖多士之用"。《大唐新语》载，有一回武则天问狄仁杰："朕要一好汉使，有乎？"狄仁杰想了想，回道："臣料陛下若求文章资历，则今之宰臣李峤、苏味道，亦足为之使矣。岂非文士龌龊，思得大才用之，以成天下之务者乎？"您要什么样的人才？若要文章写得好能陪你消闲解闷的，您跟前不乏人物嘛。但您今天这么问，莫非是想要一个能安邦定国的人才？

当然是要这样的人，不然还用找你？

狄仁杰立马回说："荆州长史张柬之，其人虽老，真宰相材也。且久不遇，若用之，必尽于国家。"荆州长史张柬之，老是老了点，但真乃宰相之材也，您要不用一下试试？

武则天没应，只给了张柬之一个洛州司马的官位。过了些时日，武则天再问狄仁杰："朕要一好汉使，有乎？"狄仁杰回说："张柬之。"武则天道："已迁之矣。"这人已升官，不用再提。狄仁杰却说："臣荐之，请为相也。今为洛州司马，非用之也。"

如此这般，狄仁杰陆续向女皇推荐了张柬之、桓彦范、敬晖等，他们后来都是神龙政变的重要策划者，推动了政权的顺利移接，史称"五王"。

狄仁杰临终："偶对终日，竟无一言。少顷，流涕及枕，但相视而已。"老也不断气，又一口气说了许多遗言，终是"所恨衰老，身先朝露，不得见五公盛事"，心有所憾。又说"冀各保爱，愿尽本心"，身为李唐旧臣，却不能亲见李唐复兴，唯愿同僚代为尽一份力而已。

女皇也说过"狄公一去，朝堂空矣"。女皇还说，见不得年老的狄国老下跪，看他下跪请安，自己膝盖都疼，女皇又说……好啦。女皇的归女皇，李唐的归李唐。冀各保爱，愿尽本心。

神龙元年（705）正月二十二日，政变爆发。

神龙政变

参与神龙政变的各派力量，史家早已理清脉络，归纳起来便是一个词，里应外合。外，自然是指张柬之为首的朝臣，太子李显、相王李旦这些皇族势力。里，则指太平公主和上官婉儿联手策反的一批宫女。

涉及后宫参与政事，正统史家历来讳莫如深，此次政变中的后宫，当然依旧没留下任何明确资料可资解读、印证，只得靠少许偶然获得的史料进行推测，如洛阳北邙山上曾出土的十几方宫女墓志。从墓志所载，学者已考证她们便是此次政变中牺牲的"功臣"。

武则天晚年，生命力衰弛，行将就木，对朝堂和后宫的控制力都在下降。上官婉儿长住后宫，又是女皇身边的掌机要，资源、人脉的积累自是不可小觑。不难揣测，武周末期，婉儿实际已取代武则天，掌握后宫大部分宫女的生杀大权。此般情形，若要策反一些宫女为她工作，并不是个难事。

神龙元年（705），婉儿年已四旬，又一次站在抉择的路口。前半生，婉儿已有过两次重大抉择。第一次在高宗后宫，她选择忠于武则天。第二次，在李贤的太子府，她选择忠于武则天。现在，上官婉儿第三次站在十字路口。

女皇依旧是女皇，只是政治环境已大不一样。虽前有女皇亲手制定的李武联盟的蓝图，可明白人都知道，女皇不过是老糊涂了。从来一山都不容二虎，女皇年轻时也总是要杀个鸡犬不留才罢手的。况且，与武三思一干人等联盟，固为一种出路，在婉儿，却只是备选。武三思的政治生涯，专攻谄媚，无甚建树，张氏兄弟更不必说，逗女皇开心的弄臣而已。实力上，为李家保驾护航的朝臣们，皆功勋累累、权倾朝野，他们动一下手指头，张氏兄弟这样的细皮嫩肉怕是也够受的。

当初，婉儿因与武三思的私情，在政务上，"每下制敕，多因事推尊武氏而排抑皇家"。因为其时女皇还活蹦乱跳地活着。女皇活着，仗着专宠，武三思和张氏兄弟不是没有投机取胜的可能。可是现在，女皇快死了。

婉儿看得清楚。她知道太平公主也看得清楚。于是两人一拍即合，成为神龙政变的内应，也即政变部署中的第四路人马。其余三路是：

第一路，由张柬之、崔玄暐等率领北衙禁军，占领玄武门。玄武门乃宫禁的必经要道，占据此地，便阻断了后宫与外界的联络。

第二路，右羽林大将军李多祚率部分禁军护送太子进宫。当朝太子李显是大唐江山名正言顺的继承人，只有他在场，才能赋予政变以合法性，保证"清君侧"顺利进行。

第三路，相王李旦和他的司马袁恕己，率南衙兵仗控制京畿各职能部门，肃清二张在相关部门的党羽，稳定京都秩序。

政变中途出了一些小差错。比如太子李显，听说要让自己去逼母亲退位，房州数年流放的噩梦立刻浮现脑海，李显吓坏了，怎么也不愿上马，如此僵持了许久。最后还是手下将领耐不住，用激将法，大意是说：我们冒死护送殿下，殿下若退缩，便是陷我们于谋逆之罪，我们的命也是命，您老看着办吧！

被母后弄死是死，被背上谋反罪名的部将弄死也是死，反正都是死，索性挣一挣吧，李显一闭眼爬上马，直奔玄武门。

除却这些小小的不愉快，政变按部就班地进行着，局面皆在掌控中。不多时，张柬之一干人等进逼迎仙宫。女皇寝宫附近如禁苑、亭阁等地分散的侍女、使役中，总是有些机灵鬼的，眼见一众武将披甲佩刀，便知大事不好，回身直奔迎仙宫，想要报告女皇但旋即被上官婉儿安插的内应截住。一场厮杀在所难免。有些宫女遇难，成为洛阳北邙山宫女墓志中被纪念的无名者，但消息的传递也被成功阻止，政变者在迎仙宫外廊顺利诛杀张氏兄弟。

刀起头落。两个明眸皓齿的美少年，转瞬成为面目狰狞的无头尸。众将士潜入寝殿。

"乱者谁耶？"

寝殿内传来武则天威严的质问。不愧是政变老手，从众人步履的杂沓、匆忙，立刻知道有人作乱。

宰相张柬之应对机警，台词亦滴水不漏："张易之、昌宗谋反，臣等奉太子令诛之，恐有泄漏，故不敢以闻。称兵宫禁，罪当万死！"（《资治通鉴》）

说是"罪当万死"，语气却异常强硬，显是有备而来。武则天逼视着张柬之。张老年届八旬，与武则天同龄，都已是鸡皮鹤发，即使在倡导退休者再就业的 21 世纪老龄化社会，八十岁也该颐养天年、不问世事了。而在一千三百多年前的某天，一个八十岁的老家伙却要革另一个八十岁的老家伙的命。女皇凝神想了一小会儿这个老张，琢磨着自己在哪儿疏漏了。

永昌元年（689），武则天举行殿试，为大周开制广纳贤才，张柬之一举高中，拜监察御史，其时张柬之都已六十五岁了。真真可谓烈士暮年，壮心不已。武则天也是这位大器特别晚成的老张的第一个贵人。

然后呢？

然后"臣荐之，请为相也。今为洛州司马，非用之也"。

阴魂不散的狄仁杰……

天后，您过时了

《资治通鉴》载，武则天知大势已去，倒也从容。女皇默然注视着冲进来的叛乱党羽，目光如炬，即使在自己倒台的时刻，一代女皇也自有威严。

站在寝殿的那些人，武则天一一看过去。太子李显，张柬之，桓彦范，嗯，皆是从前狄仁杰力荐力保的。一伙儿的。再看过去，崔玄暐。女皇的目光停在崔玄暐身上，谓："他人皆因人以进，惟卿朕所自擢，亦在此邪？"别人都是因他人推荐才被擢拔，唯你，是我亲自提拔，为何也在此？

要参与政变，革女皇的命，至少在自己思想上，关节都已是打通的，因之崔玄暐面对昔日伯乐，回答也颇狡黠："此乃所以报陛下之大德。"我站在这里就是为报答陛下您的拔擢之恩呀。罢了，武则天微微摇头，目光再转向李湛，也即当年自己忠实的追随者李义府的儿子，武则天叹口气："汝亦为诛易之将军邪？我于汝父子不薄，乃有今日！"你也参与了诛杀易之将军的行动？我待你们父子不薄，你就是这么回报我的？！李湛"惭不能对"，被盯得受不住，羞愧得低下头。

武则天审视李湛，终也收回目光里的轻蔑。女皇的政治手册里，羞惭向来被认为是成大事者多余的东西。李湛既参与政变，又惭不能对，想来仕途也就到此了。女皇支颐沉思，复又引颈望向寝殿远处，她想起了什么。

宫女们一律跪倒，头面伏地，武则天一一扫视，或会将目光锁在一个人身上。

上官婉儿。

史书未着一字，但能想来，整个政变过程中，上官婉儿肯定一直是在场的，在暗处，在背景里，指挥宫女的行动，密切关注政变动向。又若，此时婉儿真的在现场，远远立在寝殿某处，武则天也许想问同样的话："我于汝不薄，乃有今日！"上官婉儿定会平静地回望，崔玄暐回应的话应能代表她的心声："此乃所以报陛下之大德。"

但想来两人不会有言语，又或者千言万语，抑或说岁月的千军万马，都静默地横亘在两人平静亦遥远的对视中。

仪凤元年（676），十三岁的上官婉儿进入禁中，服务于武则天——她的灭族仇人，她的伯乐。时光流逝，足足三十年过去。从"见天后庸知非福"的那一刻，上官婉儿辅佐她，看她灭掉太子人选，流放中宗，软禁睿宗，掀开酷吏政治，以太后身份临朝称制，绞杀李唐宗室，终，登顶皇帝宝座。从"见天后庸知非福"的那一刻，上官婉儿见证了武则天睿智与残暴，欣赏与压制，铁腕与偶尔流露的温情，知遇之恩与终生铭记的黥刑，金简祈福中难得的谦卑与协调李武两家关系的种种幼稚举动，终，至武周最后的覆灭……

岁月流转中，从相看相惜，到互相成就，到生命末期无情地抛弃，无论武则天还是上官婉儿，自当明白，优胜劣汰，此乃政治丛林的第一法则。上官婉儿所为，一如武则天自己，关键时刻，抛掷对自己不再有用的东西。若说上官婉儿从武则天身上学到的最铁血也最有用的知识，那就是：可以让人生让人死让人高尚让人低贱的，是至虚幻至真实至冷酷至火热至实用又至飘忽不稳的，是人类从"社会"这一概念诞生起就主宰着人性的，权力！

在与女皇的对望中，三十年的时光飞速掠过。从今以后，在这部传记中，上官婉儿的人生，将不再借助武则天的政治活动进行推测，也即说，婉儿不再活在武则天的阴影下。她从幕后走到了前台，至此，她的有史可查的政治行为大大多于武则天时期。

上官婉儿的目光里，没有一丝羞惭，只有无惧和冷傲，在在都写着：天后，您过时了！

神龙元年（705）正月二十三日，也即政变第二天，太子李显监国。

二十四日，武则天下诏传位李显。

二十五日，李显正式即位，是为中宗。

二十六日，武则天迁居上阳宫。

从神龙元年二月四日起，中宗下诏改国号为唐，宗庙、社稷、陵寝、百官、旗帜等制，一律恢复到唐高宗去世的那一年，即弘道元年（683）。

武周政权灭亡。

神龙元年十一月二十六日，武则天宾天于上阳宫的仙居殿，享年八十二岁。弥留之际，武则天颁发最后一道诏令："祔庙、归陵，令去帝号，称则天大圣皇后。"（《资治通鉴》）生命最后，一代女皇又回到了妻子、母亲的身份，回归李唐宗室。

参与神龙政变的核心功臣，均受到中宗李显的封赏。张柬之等五人都官拜宰相，爵赐郡公，权倾朝野。相王李旦被封安国相王，官拜一品太尉、知政事。太平公主被晋封为镇国太平公主，实封涨至五千户，允开公主府，丈夫武攸暨的地位由原来的郡王提升到亲王，受封"定王"。上官婉儿，《资治通鉴》载，神龙元年二月，"及上即位，又使专掌制命，益委任之，拜为婕妤"，至五月，又被立为昭容。

苍穹之上，若命运之神真的在俯瞰众生，想必他也会因这样的巧合微笑：终武周一朝，在身份上，上官婉儿都只是一个五品才人，一如武则天在太宗后宫的地位。进入中宗朝，上官婉儿拜昭容，位列二品。同样，永徽年间武则天重返后宫后，迅速晋升昭仪，二品。

神龙政变中，上官婉儿抛弃了武则天，然，前三十年中，在性情、眼界、政治理念等各方面，武则天对婉儿的全方位锻造、深入骨髓的影响力，似又注定，终其一生，婉儿都无法摆脱武则天。

第九章 唐朝版纸牌屋

玉环腾远创，

金埒荷殊荣。

弗玩珠玑饰，

仍留仁智情。

凿山便作室，

凭树即为楹。

公输与班尔，

从此遂韬声。

——《流杯池》之九

腾远，久远。金埒，镶有名贵配饰的马匹。公输，公输般，又称鲁班，春秋时鲁国名匠。班尔，隋代名匠。韬，蛰伏，隐藏。

上官婉儿悠游长宁公主府邸，偶遇一处绝妙胜景，遐想蹁跹。若于此地凿山为室，凭树为柱，怕是公输、班尔诸等大师，也甘愿就此退隐林下吧。

隐，即无，为空，背向红尘。玉环、宝马雕饰，喻俗世、人间喧哗，为满。此诗妙在将空与满对比。空，自胜一筹。

隐，乃上官婉儿这组山水诗中反复吟咏的主题。终生囿于宫廷，弹丸之地，熟悉的生活也是角劲弓鸣，无缘行至水穷处、坐看云起的洒落。婉儿对另一方天地，对啸咏长林的隐士，始终是独有情怀的。

只是漠漠人世，茫茫万劫，有些人可以做到不忘初心，返璞归林。而对另一些人，在随波逐流中奋力迎击，才是其真正的宿命。

拜为上官昭容

张氏兄弟伏诛，武则天退位，神龙政变兵不血刃，完美收官。随着二张倒台，当年奉宸府内以编《三教珠英》为名集结的文人班子，迅速瓦解，作鸟兽散。那些趋力媚附二张的著名诗人们，如杜审言、沈佺期、宋之问等，皆遭到贬窜岭外的待遇。岭南山高水寒，不知大诗人宋之问有没有带上女皇御赐的锦袍取暖呢？一朝天子一朝臣。真真是也。

政权交接顺利，李显再次登帝，史称唐中宗。这一次不用担心母后使诈，中宗貌似可以安心做皇帝了。

可他并不安心。

神龙政变铲除了二张党羽，威慑了武家子弟，然，一夜之间，却也忽地冒出三派更煊赫也更具威胁的势力。

一号势力，安国相王李旦，也就是李隆基的父亲。神龙政变中，李旦"统率南衙兵仗，以备非常"（《旧唐书》），对稳定京都秩序，促进政权交接，有莫大贡献，时人共睹。再，李显流放房州数年，李旦虽也被母后软禁府邸，可房州和京都能比吗？李显远在房州那些年，生死难料，留在京都的李旦，可是李唐旧臣们唯一的精神寄托。要说李旦没有与他们暗通款曲，谁信呢？若不是圣历元年（698），契丹进寇幽州，打着拥立李显的旗号"何不归我庐陵王"（《旧唐书》），让武则天和朝臣们在边患丛生中，看到这个儿子也还有点用，从而立为储君，若仅凭李显自身的实力，能抢到太子之位的机会堪称渺茫。

二号势力，镇国太平公主。不仅太平公主"镇国"，她的夫君武攸暨也成为定王，意即亲王，这是皇族兄弟才能有的待遇。或许是太想表达对胞妹鼎力协助的感激，中宗又允太平公主开府，设置官署。依唐律，开府设衙乃皇子特权，在此之前，也就平阳公主有过此待遇。太平公主深耕多年，在京城本就根深叶大，现在夫妇俩均被破格拔擢，一时权势熏天，不仅当朝官宦都要给她面子，还稳居中宗朝财富排行榜之首。《资治通鉴》载，"及诛张易之，公主有力焉。中宗之世，韦后、安乐公主皆畏之"。终中宗一朝，对太平公主，韦后都不敢擅动。

三号势力，神龙功臣，也即以张柬之为首的五王。中宗复位，这五位重臣，均加官晋爵。张柬之为夏官尚书、同凤阁鸾台三品，转中书令；崔玄暐为守内史，迁中书令；袁恕己为同凤阁鸾台三品，转中书令；桓彦范、敬晖为纳言。五人皆位居宰相。曾经的战友，如今的宰相五人帮，又自诩拥戴之功，新朝开局，立即搞起了小团伙，排除异己，把持朝堂大权。再，前因政变需求，五王策反北衙禁军，收在旗下，此时这支禁军与五王交往密切。自己的保镖胳膊肘往外拐，这对中宗而言，真真如芒刺在背。

另一厢，再看皇帝夫妇。流放房州数年自不用说，能活着回京已是万幸。即使圣历二年（699）始，成为名正言顺的储君，李显也仍在女皇强有力的钳制中，号称"准朝廷"的太子府该有的资源、人脉，全都没有，简言之，就是一个光杆司令。长安年间，只因听信流言，武则天逼死他的一对儿女，其时女儿永泰公主还是有孕在身的，满朝文武竟未能说服女皇改变主意。可想而知，这个太子当得有多可悲。现在，当皇帝了，终于摆脱母后了，总归会好些吧。可是，看一看这被瓜分殆尽的大唐天下，身居九五之尊，也就是个空架子。中宗傻眼了，瑟瑟寒气从脚底板直往上蹿。

不想受人摆布，就得寻找出路。

《资治通鉴》载，"及上即位，又使专掌制命，益委任之，拜为婕妤"。其时为神龙元年（705）二月，政变刚结束不久，为回报上官婉儿在政变中的功劳，中宗将婉儿从五品才人升至三品婕妤。

仅两个月后，上官婉儿再次升至昭容，位列正二品，后宫位分仅在皇后、贵妃之下。三个月内，品级两次升迁，结合当时的政治环境看，原因只有一个：中宗意欲拉拢上官婉儿。

中宗找到了抗衡三派势力的法子，那就是组建自己的智囊团。这个团队中，上官昭容被中宗认定是不可或缺的，如《新唐书》载，"帝即位，大被信任"。

努力了三十余年，现在，上官婉儿终于赢得了机会，走进权力的核心地带。

与韦后搭档

弘道元年（683），高宗驾崩，遵遗诏，李显即位。这是李显第一次当皇帝。

皇位还未捂热呢，心系老婆娘家的李显，执意将老丈人从普州参军拔至豫州刺史，倏忽又要升到宰相侍中。区区八品小官，转眼火箭式擢至三品，还口出狂言："我以天下与韦玄贞，何不可，而惜侍中邪？"（《资治通鉴》）不要说一个侍中了，我就是把天下给我老丈人又怎的？堂堂帝君，无视朝堂成规，授人以柄，武则天以此为据，两个月不到就把李显一家赶到了房州。

从此次事件即可看出，李显作为皇帝，真是不行，可作为丈夫，也真是暖，暖到五迷三道，不带脑子。不顾后果火箭式提拔老丈人，原因只能是韦后在背后可劲的撺掇。只是此一时彼一时，二十年前，有武则天的压制，韦后也就只能想想强行给老爹升官，以抬高自己身家。现在，女皇退位，韦后便肆无忌惮了。

《旧唐书》载："（神龙元年五月）丙申，皇后表请天下士庶为出母为三年服，年二十二成丁，五十九免役。"《旧唐书·中宗韦庶人传》亦载："时昭容上官氏常劝（韦）后行则天故事，乃上表请天下士庶为出母服丧三年；又请百姓以年二十三为丁，五十九免役，改易制度，以收时望。"意谓规定老百姓也应为去世的母亲服丧三年，且表请百姓二十三岁成丁，五十九岁入老，并免其徭役。

这两则材料，透露出两个重要信息：第一，貌似是上官婉儿怂恿韦后行则天事；第二，神龙政变后，为稳固帝位，中宗着手筹建自己的智囊团，然，韦后已经开始利用这个机会为自己铺路。

但"上官氏常劝（韦）后行则天故事"，这个"常劝"似乎应难以成立的。原因也简单。第一，韦后的野心根本不需要上官婉儿来动员；第二，其时政变刚结束，高度敏感时期，以婉儿审时度势的能力，想来不会犯这么低智的错。

韦后，出身京兆大族，但家族势力早已有名无实。当初武则天给李显挑了这么个正妃，就是看上韦后家族，名头虽大，也就是个空壳，没什么实力，翻不起大浪来。可韦后自己不这么看，虽然不复辉煌，老爹也只是个八品官，但至少曾经辉煌过，而且还可能再次辉煌。她武则天不也是出身并州小门户？而且还是被太宗扔掉、被高宗捡回来的人。她都能一步登天，韦后从哪点看也觉得自己不比她差。

从来野心的实现，都需要实力支撑。不过话说回来，野心也是没有门槛的，有没有野心和有没有能力实现野心，原就是两码事。

为什么说"动员"韦后是低智行为？动员就是站队，就是摆明立场。而政变刚结束，局势不稳，乃一窝乱流，此消彼长，不假以时日，尚难辨明走向。急着挑明立场，不过是愚蠢地将自己置于险境。再，神龙政变原就是上官婉儿和李家后人的联手，现在就急吼吼去动员一个没资源、没能耐、也没嫡子（嫡子李重润已被武则天弄死）的"三无"皇后，图啥呢？婉儿"天性韶警"，在女皇身畔磨砺多年，想来不至于如此冒进。

《旧唐书》所载神龙元年五月韦后的这则"表请"，有学者据此断定，婉儿此时就已经依附韦后，未免武断。其实细审这则"表请"，在在都是模仿武则天的"建言十二事"，无甚新意，根本也不需特别的出谋划策。与其说出自婉儿的手笔，不如说韦后公开效颦武则天。再从韦后后来的行迹看，她对武则天的模仿，尚不止此一处，可说是亦步亦趋。

不动员，却也不劝退，静观其变，顺势而为，这才应是上官婉儿的立场。婉儿的态度，取决于中宗的态度。若中宗一味软弱，任凭韦后坐大，婉儿何乐而不为呢？男弱女强，本就是她熟悉的模式。

就韦后一生的政治活动看，除了处处效仿武则天，简直一无是处，是个有野心、没脑子的蠢女人。上官婉儿为何不想办法把她干掉，取而代之呢？她的前任领导武则天不就是这样的？同为先帝才人，后来又是当朝皇帝的昭容，不由得让人产生这样的联想：上官婉儿和武则天，两人人生前半局的遭际有过两次重合，是什么促使在第二次重合处，两人的命运就此分道扬镳？

古代政治中，后宫女性弄权，都脱不了"母以子贵"的先期保障。武则天重返后宫，时年二十八岁，一口气生了四个儿子。作为太子之母，她的后宫地位无人能敌。源源不断把儿子们输送到太子之位，是一个必要的缓冲，武则天借此完成了所有政治资本的积累。在这一点上，武则天占得了先机。

再看上官婉儿，神龙政变后拜为昭容时，她已经四十二岁了。即使接近中宗，她几乎也没可能生儿育女、开枝散叶了。在那个时代，血缘至上，没有子嗣，就无法建立有效的政治关系网，就始终是个局外人。

毕竟少了上天的眷顾，上官婉儿单枪匹马，只能黯然地，退而求其次。说得好听，是辅佐，说得难听，就是依附。

虽初在观望，但随着中宗智囊团围捕行动的展开，她进一步卷入韦后党羽，似也渐成必然。韦后和武则天之间，有霄壤之别，婉儿不是不明白，只是她也没有别的选择。或更可说，她的政治生命是需要韦后这样一个人存在的，唯有中宗和韦后的搭档模式，才让她有发挥政治才能的空间。

引荐武三思

三缺一，不仅说牌局，也可比拟政局。打牌，少一个人，凑不成局，难免扫兴。工作小组，通常各有其责，少一个人，执行力也会遇阻。现在中宗智囊团核心成员已有三位。

一号唐中宗，皇帝，天下最大的官，但中宗在这个位置上，似乎唯一擅长的就是给别人封官。以前给老丈人封官，神龙政变后给相王、太平公主、上官婉儿等人封官。现在瞧着自己麾下无人，一着急，又封了一批。但可用之材也跟朝堂实权一样，被瓜分得差不多了，对中宗而言，实在是穷景荒年，为讨得舆论支持，竟也封了几个名声很不好的道士当官。

二号韦后，名头响亮，野心勃勃，其余方面，跟丈夫一样，捉襟见肘。

三号上官婉儿，该是这个小团队中，唯一堪称"资深"的政客，城府和手腕都不在话下。但有个致命的问题，昭容虽位列二品，也只是后宫身份，没有实权，无法调动一兵一卒。因此，没有外廷官员的执行权，上官昭容再厉害，也只能停在纸上谈兵。

三缺一。而且缺的这个人非常重要。

上官婉儿想到了武三思。

女皇退位，武三思失去了保护伞，又加狄仁杰临终遗言，五王坐等索命，其时武三思惶惶不可终日，正亟亟于寻求东山再起。经上官婉儿引荐，武三思与中宗一见如故。武三思虽暂处蛰伏，武家实力却未受政变冲击，武周一朝积蓄的人脉、资源保存完整，中宗喜上眉梢。而于武三思，中宗手上随意封官的特权，也正是他需要的。

擅长封官的唐中宗，立即让武三思当了宰相。

当武三思出现在皇帝夫妇面前时，不仅中宗眼睛一亮，韦后眼里也开始嗖嗖放电。史传，武三思高大英俊，貌似很有吸引力的样子。韦后接收到了这股吸引力，也相中了武三思的家底。一来二去（此处省略很多字），两人打得火热。

在历史的记载中，中宗拾掇的这个智囊团，是没什么口碑的。正史为这个智囊团的形象统一了口径：绿帽子，各种私通。

这绿帽子，有说中宗同时戴了两顶。第一顶来自上官昭容。然，因上官婉儿的身份实在特殊，是否与中宗真有夫妾之实，无从揣测。再，随着皇后插足，婉儿和武三思的私情是否能继续维系，也未可知。所以这一顶存疑。

可第二顶是坐实了的。历史上的韦后，以妖冶和放荡著称，不仅与武三思有染，先后还有几位情夫在史书留下名字（后面他们会出场）。似乎十多年的流放生涯后，她是要将压抑的不满和欲望成倍发泄。总之，世人谓脏唐臭汉，这家伙是做了贡献的。

绝不是刻意为婉儿和她的队友强辩，不过这个团队中，四个搭档的背景实在是可追究的。用现代人的眼光看，他们各自都带有深重的心理创伤。上官婉儿和武三思，前文已经分析过，他们早期的命运相似，因祖、父辈而受牵连。其实这还算好。中宗和韦后的悲剧，是武则天亲手缔造。武则天一步步登顶帝座，就像修炼一种绝世武功，而在这个过程中，中宗和韦后就是武则天练功剩下的药渣。

李显，被母亲贬谪房州十六年，潦倒至女儿安乐公主出生时都无襁褓可用，只好从自己衣服上撕下一块布将孩子裹起来。这还不算，十六年来，李显一直处于随时会被母后暗杀的阴影中。《资治通鉴》载，"上每闻敕使至，辄惶恐欲自杀"，一听到母后派人来，李显就恐惧得想自杀拉倒，不麻烦母后动手了。长达十六年这般心理煎熬，怕是常人无法想象的。

韦后，京兆大户出身，家有一个妹妹、四个弟弟，原本也是父慈子孝的圆满。李显被废，韦氏随夫流放房州，韦家也遭牵连，一家老小被流放至钦州。父亲韦玄贞很快病逝。韦氏妹妹被当地的部落首领看上，韦家因不同意这门亲事，导致全家被杀光。其时，四个弟弟均未成年。

智囊团的四位核心成员，政治、私生活彼此渗透，情、欲、利三者捆绑，然，中宗仍不放心。中宗效仿母亲当年的做法，重拾李武联姻，先后让安乐公主、新都公主离婚，再改嫁。中宗最宝贝的女儿安乐公主，再嫁武崇训，成为了武三思的儿媳。

酷吏政治时代，为碾灭可能的星星之火，武三思协助姑姑，几乎将李家连根拔除。武则天晚年为缓和两家关系，虽费尽心思，但到底也是水火难容了。而现在，李武两家不仅一笑泯恩仇，又还认认真真地做起了儿女亲家，保持着亲密走动的关系，《资治通鉴》载，中宗"数微服幸武三思第"。

引颈张望的投机者们，马上嗅出了朝廷新的风向，纷纷改换门庭，投奔中宗的智囊团。在丈夫跟前嚣张惯了的韦后，趁机借武三思之力，拉拢一些野心家，壮大自己势力。一时竟也有了烈火烹油的热闹。

眼看着刀俎下将死的鱼，忽又咸鱼翻身，成了宰相。张柬之等五王想必悔得肠子都青了。他们已经错过了诛杀武三思的时机。《资治通鉴》载，张柬之叹道："主上昔为英王，时称勇烈，吾所以不诛诸武者，欲使上自诛之，以张天子之威耳。今反如此，事势已去，知复奈何！"之所以迟迟未动手，原是想把诛杀武三思的光荣任务留给中宗，替李唐宗室报仇，彰皇家天威。不想稍不留神，自己却成了武三思的猎物。《资治通鉴》载，武三思"以则天为彦范等所废，常深愤怨，又虑彦范等渐除武氏，乃先事图之"。意谓先下手为强，杀五王。

世事如棋，不外如此吧。

狄国老临终交代"梁王三思尚掌权，可先收而后行也。不然，则必反生大祸"。他明白李唐天下根本容不下武三思。既然扬州叛乱、契丹入侵，能打着匡复李唐的旗号，保不定哪一天会有人打出复兴武周的旗号。武三思就是一颗不定时炸弹，务必提前铲除，永绝后患。狄国老有此远见，不愧为名垂青史的一代权臣。

而张柬之……

当年狄国老向武则天推荐张柬之时说，老张老是老了点，但确是宰相之材。

但这个老张啊，还是老了点。

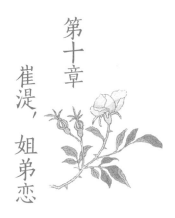

第十章
崔湜，姐弟恋

沁水田园先自多，

齐城楼观更无过。

倩语张骞莫辛苦，

人今从此识天河。

——《流杯池》之十

沁水田园，东汉明帝之女沁水公主的府邸，也称"沁园"，后世以此泛称公主的园林。倩，请求，央求。

此诗取"张骞泛槎"的典故。

古时传说，人若乘槎漂流，便能穿越时空，直上九霄云汉牛郎织女的居所，或逆黄河源头通达天河。该典故约形成于北朝，初谓乡关情结。张骞远涉西域，持节独行，苍茫天地间，渺渺身影，山河故国，归期难定。然，狐死首丘，不问归期亦心系家国。

至唐，此典故人多喜用，但思乡悲情已被初唐的豪情壮怀所取代。张骞出使陌生之域的传奇，恰契合初唐人渴望立功边塞、扬名四海的壮烈情怀。如卢照邻"迷方看博，邀赤斧于禹山；失路乘槎，问君平于蜀郡"，李峤"蜀郡灵槎转，丰城宝剑新"，宋之问"气有冲天剑，星无犯斗槎"，等等。

上官婉儿此诗于一片金石之音中，又显得特别。引张骞典故，不谓豪情，反叹张骞持节独行十余年，长安佳人，鸿雁望断，也憔悴了容颜。倘若天河便流淌在公主庄园，奉命寻源的张骞就不用辛苦远行了。

上官婉儿存诗三十二首，直抒"闺怨"者，唯年轻时《彩书怨》。时隔多年，"闺怨"又在此诗隐隐摇曳，或为遵循"闺怨"诗格所制，或衷心而发，正所谓：功名万里外，心事一杯中。

心事，不宜深究。

天津桥丑闻

公子行

刘希夷

天津桥下阳春水，天津桥上繁华子。

马声回合青云外，人影动摇绿波里。

绿波荡漾玉为砂，青云离披锦作霞。

可怜杨柳伤心树，可怜桃李断肠花。

此日邀游邀美女，此时歌舞入娼家。

娼家美女郁金香，飞来飞去公子傍。

的的珠帘白日映，娥娥玉颜红粉妆。

花际裴回双蛱蝶，池边顾步两鸳鸯。

倾国倾城汉武帝，为云为雨楚襄王。

古来容光人所羡，况复今日遥相见。

愿作轻罗著细腰，愿为明镜分娇面。

与君相向转相亲，与君双栖共一身。

愿作贞松千岁古，谁论芳槿一朝新。

百年同谢西山日，千秋万古北邙尘。

此诗摹写洛阳公子游冶天津桥，千余年前洛阳都市的繁华日常尽涵诗中。春日迟迟，杨柳依依。天津桥下，洛河贯城而过，汤汤远去，河水波光潋滟，人影摇曳水中央。桥上车马杂沓，人声喧哗，响彻青云。游春佳人，素手纤纤，红妆娥娥。游春公子，神姿疏朗，音容灿烂。佳人自顾盼多情，公子亦徘徊往顾。尝有楚襄王梦遇巫山神女，今在天津桥这繁华地、绿波漾漾春光里，风流公子邂逅窈窕美人，也自有一段佳话。千秋万古，化作北邙烟尘，情亦贞刚……

然，天津桥既横跨洛水，为洛河两岸往来的必经之道，又西邻东都苑、上阳宫，北面皇城，南对嵩山，东望汉魏故城（曹植曾在此展示洛神的凌波微步），这样集政治、经济、交通中心于一体的繁华地段，仅用来谈情说爱、寻欢找乐，显是太浪费了。

政客们早有考量。凡人潮集中的地方，往往自带舆论扩散效果，事件传播会成倍放大，因之，初唐政治，每有大事发生，天津桥亦现身其中。

调露二年（680），从太子府马坊搜出的几百领甲胄，武则天命令运往天津桥当众焚毁。太子贤谋逆，遂以这种方式昭告天下，武则天占得舆论先机。

神龙元年（705），二张在政变中伏诛，同期，张家其余三个兄弟张昌期、张同休、张昌仪被一并问斩，枭首于天津桥南。

神龙元年年尾，某日，天津桥公告栏，突然出现一帖传单，传单历数武三思与韦后种种秽行，极描摹之能事，看得人血脉贲张，文末号令时人奋起，废黜此等淫乱皇后。

皇后无德，虽民间早有传闻，但流言归流言，作为特大新闻正儿八经"榜于天津桥"，又是另一回事。洛阳城沸腾了。许多人前来观瞻、品评，人群接踵摩肩，一时间，天津桥附近的酒楼瓦肆、亭台轩榭，只要人群聚集地，韦后、武三思，稳居热搜第一。

洛阳城已经有一阵没这么热闹了。当年骆宾王《讨武曌檄》中有段促发时人想象的描写："昔充太宗下陈，曾以更衣入侍。洎乎晚节，秽乱春宫。潜隐先帝之私，阴图后房之嬖。入门见嫉，蛾眉不肯让人；掩袖工谗，狐媚偏能惑主。"人们记忆犹新。讨武檄文？讨韦檄文？那是政客们忙的事，民间百姓可是当艳诗来读的。二十年后，洛阳百姓有幸再次大饱眼福，领略皇后风流。难怪那么多女人想当皇后呢。

谁干的？

除了皇帝夫妇的死对头，张柬之等五王，还能有谁？

张柬之一拍脑门，我没干啊。再一拍脑门，这确实应该是我干的。

就像当年术士明崇俨遇刺，只能是李贤干的。但是……

中宗御笔一挥：贬！

在此之前，第一个回合中，上官婉儿、武三思等智囊团成员已经密谏中宗，以明升暗降的法子，将张柬之等人的爵位从公提升为王，同时罢其宰相职位，夺去手中实权。

此次天津桥丑闻事件后，五王陆续被贬为刺史，赶出京师。

神龙二年（706），武三思等再次炮制多起冤案，嫁祸五王，五王再被贬为州司马。最后，流放岭外。

史载，天津桥丑闻事件，系武三思私下炮制，故意激怒中宗，借刀杀人。史料中也没有留下上官婉儿明确参与的痕迹。但，武三思私自行动的可能性不大。

此事体非同一般，事关皇室尊严。中宗庸懦，到底也是个男人，还是皇帝，手持合法杀人的特权。激怒他的后果，谁也没有十足把握。皇后通奸，公告天下，举国上下都知道皇帝戴了绿帽子，作为皇帝，中宗必须做出反应，他有两个选择：弄死奸夫，或者弄死传播者。选择前者是本能，选择后者是政治。中宗能在亲生母亲的死亡威胁中，成功活过十六年，他到底不是吃干饭的。

所以天津桥丑闻事件，应该仍系团伙作案。大胆推测一下队友分工：传单内容，当为武三思和韦后亲自操刀，毕竟只有他们自个儿才能掌握好分寸，愿意秽到什么程度。上官婉儿再加工，润色，尤其是文末号令时人废黜皇后的部分。语词也能杀人，这乃婉儿的看家本领。中宗呢，负责装聋作哑，以及最后御笔一挥：贬！

岭南啊，武三思太知道那地儿了……天津桥丑闻事件圆满结束，武三思拍拍手，干完，收工，终于可以睡个安稳觉了。

不行！"晖等异日北归，终为后患。"要是哪天他们回来了呢？斩草不除根，后患无穷！宰相大人自己不就是活生生的例子？

武三思一瞧，说话的是智囊团新进成员，才华横溢、风度翩翩、回眸一笑引无数少女魂不守舍，《旧唐书》赞其"美姿仪"的大才子——崔湜。

卧底崔湜

婉儿喜欢美男子。这不能说是受了女皇的影响，人有条件的时候，都会喜欢美男子。

崔湜不仅相貌俊雅，诗才亦不在婉儿之下，《全唐诗》录其诗歌三十二首，史有"一代文宗"之称。崔湜早慧，二十一岁中进士，圣历元年（698）官至兵部侍郎，年仅二十八岁。其时崔父为礼部侍郎，父子同朝为官，又分任两部的副长官，一时传为美谈，成为唐朝版别人家的老公、别人家的孩子。

《太平广记》载有一则轶事：某日向晚，崔湜从朝廷下班回家，出皇城正南门端门，骑马过天津桥，极目远眺，只见洛阳城内春光袅袅，繁英飘荡，一时兴至诗生，张口便道：春还上林苑，花满洛阳城……

话说张说刚好也下班路过，听见崔湜随口吟出的诗竟这么出彩，只好叹曰："文与位固可致，其年不可及也。"谓这小年轻不仅文采风流，这般年纪就有如此成就，我真是比不上啦。其时，崔湜三十八岁，官拜宰相。而这个张说呢，也着实是个厉害人物，前后三次拜相，执掌唐文坛三十年，乃玄宗一朝的大红人，也是后来奉玄宗命，编撰上官婉儿文集的人。这则轶事中，他居然做了崔湜的配角，可见有那么一阵崔湜确实出尽了风头。

不过，要说大才子崔湜官拜宰相、出风头这事，是必须给上官婉儿记一功的。

崔湜原为五王阵营的人，听命于五王之一的桓彦范。神龙政变后，五王与中宗集团的矛盾火速上升。相权与皇权之争，已经势不两立，加之武三思归附中宗，五王已预感处境不妙。桓彦范想了一招，即派一个卧底去武三思身边，刺探消息。

这个卧底就是崔湜了。

其时，武三思和中宗夫妇已经完成各方面的接洽，确认了眼神，对方就是自己要找的人，正在你侬我侬的好时节。因此，崔湜卧在武三思身边一段日子后，发现局势微妙。设想这样一个场景：崔湜拜访武三思府邸，进门看见的，不是君臣，是和衷共济的俩亲家公。再，武三思和韦后坐在一块打双陆棋，贵为一国之君的中宗却很随和地站在一旁，看热闹、加油……崔湜一看这阵势，当下便知五王死定了。大约是心中默念三次，完了完了完了，然后果断地"弃暗投明"，依附中宗集团，并将自己掌握的五王一干人的信息，一字不落地透露给武三思。从此，崔湜参与进整倒五王的合作中。

正是在这段时期，同属中宗阵营，上官婉儿和崔湜有了许多正面的接触，往来日益密切。这个小婉儿七岁的美男子，曾经也是奉宸府的常客，也参与编撰《三教珠英》，还因编撰有功，被任殿中侍御史。依崔湜这般钻营的性情，奉宸府内那些逗女皇消闲解闷的酒会、沙龙上，想来是一定不会错过露脸机会的。上官婉儿、太平公主之类的显贵，也一定是他亟亟于结识的。只是这样一个荟萃天下英才的皇家沙龙，本就人才济济，要想出头，怕是很难。何况其时上官婉儿身边有武三思。不论身份、资历还是其他，当时的崔湜，在上官婉儿眼里，想来是个不起眼的小角色。

尽管值神龙二年（706），在中宗集团中，论资排辈的话，崔湜仍然是个小角色，但此一时彼一时，如今女皇仙逝，奉宸府已成往事，上官婉儿转战中宗阵营，至于与武三思的感情……史载，上官婉儿与崔湜于此年建立情人关系，从此上官婉儿对崔湜仕途多有提携，最后助其官至宰相。史家又看不下去了，《新唐书》《旧唐书》均有谴责，用笔亦重，或"通"或"乱"。于是上官婉儿这段情事，也和武三思那一段一样，很荣幸地载入了史册。

崔湜的人生格言为"丈夫当先据要路以制人，岂能默默受制于人"，大丈夫行事，就是要占据要津以此挟制，让他人无路可走，所以他把五王的活路堵死了。只有死人才绝对没有翻身的机会。《资治通鉴》载，崔湜向武三思建议："晖等异日北归，终为后患，不如遣使矫制杀之。"武三思细一思量，这话确有道理。于是神龙二年（706）七月，武三思爪牙周利贞"奉使岭外"，从京都至岭南，千里追杀。其时，张柬之、崔玄暐因扛不住边地苦寒，已经去世，周利贞"奉命"杀害了其余三人，手段极残忍。

至此，从权倾朝野的神龙功臣，到死无全尸的刀下鬼，仅仅一年多，五王去过天堂，最后堕落地狱。据《资治通鉴》载，神龙政变后，同僚杨元琰曾劝诸王"功成名遂，不退将危"，而诸王听后，"瞿然不悦"。古代政治，功高盖主是大忌。盖了也就盖了吧，有时候皇帝就是烂泥扶不上墙，你不得不使劲撑他一把，但事后不懂急流勇退、韬光养晦这些政治智慧的，往往又是"鸟尽弓藏，兔死狗烹"的牺牲品。

制作诏书，不论是真还是弄假成真，中宗政坛只有一位一等一的高手——上官婉儿。因之，矫制杀五王事件，虽从现有史料看，只有武三思、崔湜两人明确出镜，但在背地里，一定需要上官婉儿的配合、运作。流程大约为：婉儿以中宗名义制诏，杀手带着这份伪造诏书赶往岭外，还活着的三个人当然会质疑，那就宣读诏书吧，白纸黑字清清楚楚，然后堂而皇之干掉他们。

"矫制"就是伪造，就是背着皇帝干，就是说中宗不知道这事。又一次，中宗阵营的人私底下忙得热火朝天，中宗却蒙在鼓里。像话吗？作为一个皇帝，这也不知道，那也不知道。也许，历史上中宗以无能著称，就是这么来的。史家宁愿相信他无能，啥也没干，底下的人又都背着他干这一切，也不想认为他是杀神龙功臣的幕后黑手。

毕竟，若诏书不是"矫制"，乃中宗亲自下诏或者默许，某种程度，杀五王就有了合法性，一如当年，五王护送太子李显到武则天寝宫，就是为了使政变拥有合法性。而若中宗赋予杀神龙功臣以合法性，也就顺道质疑了神龙政变的合法性，那也意味着承认神龙政变其实是造反……这个锅，谁来背？

谁也不敢背。

那就让中宗在历史上保持无能的形象吧。

不管怎样，五王伏诛，三派势力中最具威胁的，已清理干净。中宗望一望四周，相王、太平公主，均老老实实做着自己的弟弟、妹妹。既然他们懂得怎样做弟弟妹妹，怎样做王爷公主，那就挺好。那就是好好的一家人。

中宗阵营的骨干分子，自然都成人生赢家。韦后、武三思收服了一批从前五王的追随者，趁机坐大。韦后还趁势扩充了男宠阵营，散骑常侍马秦客、光禄少卿杨均皆被收入闺中。中宗下诏："武氏三代讳，奏事者皆不得犯。"奏事者不可犯武家三代以下名讳。中宗给予武家最高规格的皇族待遇。崔湜，被拔擢为中书舍人，其后不久，在上官婉儿的一路护送下，官拜宰相。

至于上官婉儿，在京城长安的最繁华地，中宗夫妇赏赐她一套私宅。

酬杜麟台春思

崔湜

春还上林苑，花满洛阳城。

鸳衾夜凝思，龙镜晓含情。

忆梦残灯落，离魂暗马惊。

可怜朝与暮，楼上独盈盈。

此诗承初唐宫体"艳诗"遗风，摹写春暖花开时女子的相思之情。拥衾凝思，对镜含情，梦回缠绵而残灯将灭，思念惊醒，却更令人辗转难舍。暮暮朝朝，可怜这大好春光，楼上闺阁中人，只能与寂寞为伴。

当崔湜下班回家，骑马过天津桥，随口吟诵这首诗时，不知是否会想起长安的上官婉儿。

也许，婉儿远远立在这首诗的背景里。

情人亦盟友

崔湜为上官婉儿有史可查的第二位情人。对于这段情事，史书记载如下：

《旧唐书·上官昭容传》载："婉儿又通于吏部侍郎崔湜，引知政事。湜尝充使开商山新路，功未半而中宗崩，婉儿草遗制，曲叙其功而加褒赏。"

《新唐书·上官昭容传》载："与崔湜乱，遂引知政事。湜开商山道，未半，因帝遗制，虚列其功，加甄赏。"

《旧唐书·崔湜传》载："时昭容上官氏屡出外宅，湜托附之，由是中宗遇湜甚厚，俄拜吏部侍郎，寻转中书侍郎、同中书门下平章事。"

三则记载一致的方向是，在上官婉儿和崔湜的情人关系中，崔湜是明显的受益方。中宗活着时，上官婉儿为崔湜争取仕途升迁，甚至中宗宾天后，也要假造诏书，为其谋利。因之，野史传说中，有人认为崔湜是上官婉儿的"真爱"。

与崔湜交往时，上官婉儿已经四十多岁，正如俗言所道，豆腐渣年纪。而崔湜，三十出头，于男人来说，一枝花的年纪，又少年得志，负大才，连正史都不惜笔墨赞他"美姿仪"，可见一定姿容非常，不输潘安。因之，在坊间传闻的这段姐弟情人关系里，上官婉儿被塑造成这样一个女人：事业有成，情感空虚，为笼络住这个好不容易到手的比自己小的情人，操碎了心，不断委曲求全，不断在上司面前推荐，还利用职能之便，伪造官方文件为情人谋利……这么发展下去，我们仿佛会看见一个新闻女主角：为情人私吞公款，锒铛入狱，最后在镜头前忏悔。

芸芸众生，漫漫红尘。事业有成而感情失落的男人女人们，从来都有许多许多。但上官婉儿，古往今来，浩浩历史中只有一个。既不是寻常女人，过的不是寻常的人生，亦不能以寻常的眼光去看待。

崔湜对上官婉儿而言，首先是盟友，其次才是情人。或也不妨揣测，情人关系是对盟友关系的一种加持。既是盟友，便一定是互惠的，而不是传闻中上官婉儿一味地低姿态。

自武三思被韦后收进闱中，上官婉儿与他原有的关系，事实上已不能维持。一个是同事，一个是老板娘，孰轻孰重，武三思自会掂量。再，武三思的身份、地位与以往已有不同，他从前朝旧人，变成当朝宰相，又借中宗整垮五王之机，招揽党羽，乘势壮大，《资治通鉴》载，"三思令百官复修则天之政，不附武氏者斥之，为五王所逐者复之，大权尽归三思矣"。连他姑姑当皇帝时，他都没有这么风光过。此时，武三思野心空前膨胀，与皇后缠裹日紧，渐有孤立中宗的态势。

局势进一步明朗时，许多东西都只是在暗中发酵，尚难辨清，但上官婉儿确定的是，她需要一个盟友。她或许需要一个新的情人，可更需要一个盟友，一个"自己的人"。"时昭容上官氏屡出外宅，湜托附之，由是中宗遇湜甚厚，俄拜吏部侍郎，寻转中书侍郎、同中书门下平章事。"此段话的意思很明显，崔湜归上官婉儿，中宗因而待之与别人不同，进而崔湜一路青云，直至宰相。

为什么上官婉儿要借中宗之力，将崔湜推上宰相位置？若只是情人关系，随便给点甜头就行，不一定非得是宰相嘛。宰相乃百官之首，相权有多重要，远的不说，中宗智囊团初建，为对抗五王，中宗紧急封武三思为宰相，而中宗整垮五王的第一步，便是夺其相权。上官婉儿需要借助崔湜手中的相权，来达成自己的意愿。这也是她政治生涯中始终存在的困境，她没有实权，不被外廷官员系统承认，她只得借助男性官员手中的权力，来完成政治行为。

坊间又有一种说法，说崔湜是软饭大王，是上官婉儿的男宠。这个说法更是想当然，大错特错。普天之下，只有女皇武则天才养得起男宠。不计较男宠出身，不计较其是否有政治身份、政治才能，长得好看就行，跟皇帝选妃一样。女皇可以把在洛阳市井卖草药为生的冯小宝，变成薛怀义，也可以为张氏兄弟建一座奉宸府来逗乐子。女皇手握皇权，不需要这些家伙来加持。他们美美地待着就行。

但不管上官婉儿，还是太平公主，都不能这么任性。上官婉儿被杀后，崔湜转战太平公主麾下，鞍前马后为其效力。上得朝堂，进得闺房。

英雄、枭雄、流氓、混混、美男子，都能有用武之地，说起来，真真是一个好时代。

第十一章

天生的下属

凭高瞰险足怡心，

菌阁桃园不暇寻。

余雪依林成玉树，

残霙点岫即瑶岑。

——《流杯池》之十一

　　霙，雪花。瑶，美玉。岑，小而高的山。凭高临险，鸟瞰四方，眼前景如世外桃源，城外树木身披余雪，如玉如缎，远处千山残霙点点，如开霁色。

　　长安城距终南，五十里而已，一如诗云："惟有终南山色在，晴明依旧满长安。"史载，长宁公主府位于长安崇仁坊，府邸名胜冠绝长安，当是遥看终南的绝佳处。此诗为远眺者眼中所见，目光由近而远，首句云登高，次句"菌阁桃园"为公主府邸景，第三句为长安城外荒林景，末句"残霙点岫"当为终南山景。

至今天气晴好时，于西安城内某处高楼，依然可见天际处，袅袅轻霭中，秦岭山巅的点点雪痕。千余年前的风晴日丽，自是更能见终南壮伟、依依雪迹。

终南望雪名句，又有"林表明霁色，城中增暮寒"。谓终南树木本苍郁森秀，经斜阳晚照，竟镀上一抹暖色，然，这暖的错觉，只会徒增日暮时城中寒意。

上官府邸位于长安群贤坊。暮色长安，信步而来，不知婉儿是否也曾有过如此感触？

上官府邸

站在二十一世纪，遥想一千三百多年前唐帝国京都长安的模样，是一件顶困难的事。想来也只能在史料的基础上，约略勾勒其轮廓。

史载，高宗为太子时，唐朝经济仍是拮据的，太子府宰杀一头羊，刀上沾了些许羊油，太子都不舍丢弃，命仆从将羊油仔细刮下。但到高宗和武后并称天皇天后的时期，经济已大有发展，时谓"是时频岁丰稔，米斗至五钱，豆麦不列于市"。再到神龙政变前夕，唐朝的粮食储备已经非常充裕，考古发现多达七万多吨，正如一位官员在给武则天的上书中所道："神都帑藏储粟，积年充实。"

因此，经太宗、高宗、武则天三代的统治，八世纪初唐帝国已经物阜民丰，国富人安，可谓初具盛唐气象。当时的西京长安，是人口达至百万的大城市，为东亚文明的中心。市内商贾云集，店铺鳞次栉比，其中最大的商业区为东市和西市，从《长安志》相关记载中可看出其繁华，如东市，"街市内货财二百二十行，四面立邸，四方珍奇，皆所积集"。西市又比东市更繁荣一些。此地西域胡商聚集，做的都是国际贸易这等大生意，市内又多金银珠宝店和作坊，是购买珠宝、名贵药材的首选地。附近的酒店和旅馆，也呈一片昌隆景象，《长安志》载，"选入京城无第宅者多停憩此。因是一街辐辏，遂倾两市，昼夜喧呼，灯火不绝，京中诸坊莫与之比"。

上官婉儿的宅邸位于群贤坊，距西市不远。这一坊内，除了上官家府邸，还有如张掖郡石崇俊之宅邸，瀚海都督、右领军卫大将军回纥琼之私第，等等。可见，此地当真是勋贵云集，又乃大唐最繁华、最具异域风情的闹市区。

囿于宫廷多年，上官婉儿终于赢得特权，从后宫到市井，可自由往来。政务繁忙之余，想来她会悠悠漫游于都市，享受世俗的烟火气，人间的热闹。与宫里的风声鹤唳相比，都市生活无疑就像世外桃源了。

不过，世外桃源贵在与世无争，上官府邸到底是难享这份清福了。作为"上官体"传人、诗坛领袖，天下文士一定趋之若鹜，想要拜访传说中的上官昭容。而作为皇帝身边的大红人，上官府邸也必是京中达官显贵的签到处。究竟红到什么程度呢？历经武周朝女官组织的学徒、助理，再跃为女皇的首席秘书，三十多年过去，中宗一朝，上官婉儿独掌内廷、外朝的政令文告。

这里，很有必要罗列唐一代历任负责制诏工作的外廷官员名单，《旧唐书·职官志》有载：武德、贞观时，有温大雅、魏征、李百药、岑文本、褚遂良；永徽后，有许敬宗、上官仪，皆召入禁中驱使，未有名目；乾封中，刘懿之、刘祎之、周思茂、元万顷、范履冰，皆以文词召入待诏，常于北门候进止，时号"北门学士"；天后时，苏味道、韦承庆，皆待诏禁中；中宗时，上官昭容"独当书诏之任"。

请仔细阅读这份长长的名单。这些人都是一代名士、名流，诗才政才兼备，曾经是当朝重臣，现如今也在百度百科占有一席之地。其中还有几位我们的老熟人，如魏征、许敬宗、上官仪等。

历届制诏工作，皆为合作性质，唯中宗朝，上官婉儿以一己之力，"独当书诏之任"，批复四方奏折，草拟朝廷政令。

能以"上官昭容"这一妃嫔身份进入《旧唐书·职官志》，有唐一代，甚至整个古代职官史，怕也找不出第二个人，由此可想上官府邸在京都长安的盛名。

《旧唐书·中宗韦庶人传》载："上官氏及宫人贵幸者，皆立外宅，出入不节，朝官邪佞者候之，恣为狎游，祈其赏秩，以至要官。"

《新唐书·上官昭容传》亦载："婉儿与近嬖至皆营外宅，邪人秽夫争候门下，肆狎昵，因以求剧职要官。"

想必我们都已经非常熟悉史家的笔调，一提上官婉儿就咬牙切齿的样子，措辞也都是"朝官邪佞者""邪人秽夫""狎昵"这等洋溢着主观情绪的词。忽略就好。从这些饱含偏见的叙述中，依然能捕捉到上官府邸的沙龙盛况，那必是：千里逢迎，高朋满座。

据载，经常出入上官府邸的诗人有崔湜、苏味道、李峤、崔日用、张说等这些文坛大碗，这几乎囊括了所有初唐著名诗人。不久之后，上官婉儿将奉圣旨，掌管有唐一代久负盛名的文艺机构——修文馆，领衔规制馆内机构、制度。这些聚集于上官府邸的大腕诗人们，都将是上官婉儿麾下干将，参与修文馆的改建，为迎接盛唐文学的到来，贡献力量。

其时，当初因媚附张氏兄弟而遭贬窜蛮荒的诗人们，如杜审言、宋之问、沈佺期等，相继遇赦北归，再次为朝堂效力，成为上官府邸的座上宾，也是后来修文馆的成员。

渡汉江

宋之问

岭外音书断，经冬复历春。

近乡情更怯，不敢问来人。

神龙二年（706）夏，宋之问奉旨北归。贬居岭外，与家人、故乡音信阻绝，经冬又历春。一朝承恩泽，万里别荒，踏上归途，然，愈近故乡，心情愈颤颤。久别重逢，本应喜乐，又因久别，怕重逢。故乡故人，都可安好?

有人经历磨难，仍有故乡可回，有故人守望。有人早已没了故乡。楚霸王项羽曾云，富贵不归故乡，如衣锦夜行。上官昭容如今纵然荣耀傍身，名满京都，也没故乡可回了。史料显示，婉儿的亲人除了母亲，便只有一位表弟，王昱。婉儿引王昱入朝为官，拜左拾遗。

上官府邸，华筵结束，灯火阑珊处，母亲想必也会与女儿话家常，说从前，感慨几许。上官婉儿的母亲，已不是从前的郑氏。母以女贵，郑氏被中宗封为沛国夫人。沛国夫人的交际圈中，都是安乐公主、长宁公主、韦后以及其他皇室贵妇们。当年在掖庭宫，那些为边关将士赶制棉衣的深秋夜，枯索油灯下，凄清砧杵声中，因过度疲乏睡过去，千回百转的梦境里，郑氏是否曾遇见过晚年的自己？若家族平安，她仍是上官夫人，永远是上官夫人。她的梦境应从未到此：作为沛国夫人的晚年生活。

沛国夫人的沙龙里，那些以子贵、以夫贵、以父贵的闲闲贵妇们，都会有些什么消遣呢？不难揣测，贵妇通常的消遣，如美妆、养生、美男子，想来她们都是有的，但也会干些普通贵妇干不了的坏事，如卖官职挣钱，时谓"斜封官"，意即不经过中书省和门下省的铨选，由皇帝直接墨敕任命。无疑，安乐公主挣得最多，钻进皇帝爸爸的怀里撒个娇，就能卖个官出去，轻松挣个几十万，世谓"侯王柄臣多出其门"。

皇太女事件

安乐公主，小名裹儿，中宗的心肝，生于光宅元年（684）中宗夫妇贬往房州的途中。孩子落地时，连一块完整的褓褓都没有，李显只好从自己袍子上撕下一块布将孩子裹起来，"裹儿"之名由此而来。流放房陵的十余年中，李显时刻忧惧母亲派人前来刺杀，每每寝食难安。妻子和女儿是这凄凄惨惨的流放生活中唯一的温暖与安慰。因之，回长安后，李显对妻女百般溺爱和骄纵，这就养成了李裹儿傲慢任性、蛮横霸道的脾气。

历史上的安乐公主以跋扈闻名，史谓"恃宠骄恣"。奠定安乐公主史诗级任性形象的，主要有三件大事。

其一，"百鸟羽毛裙"事件。安乐公主拥有两件百鸟裙，为旷世珍品。百鸟裙是由负责备办宫中衣物的机构尚方制作的，将黄金做成片，然后捻成线，再把各种珍贵飞禽的羽毛也捻成线，二者两相结合，共同织成光彩美丽的衣服。《资治通鉴》载，裙子"花卉鸟兽，皆如粟粒，正视旁视，日中影中，各为一色"，每条值钱一亿。其时正三品京官每月俸禄约八千文，一条裙子，得须他们为皇帝打工一千年。

其二，昆明池事件。昆明池，位于长安西南，方圆四十里，乃汉武帝为训练水军开凿的人工湖，依唐律，不允挪为私用。安乐公主看上这座湖，向父皇讨赏。畏于臣属反对，中宗没敢答应。一气之下，安乐公主大发民夫，夺百姓田地，耗费庞然，"造池四十九里，直抵南山，拟昆明池"（《太平广记》）。该池取名"定昆"，誓要在气势上压昆明池一头。

其三，皇太女事件。《旧唐书·韦庶人传》载，安乐公主"恃宠骄恣，卖官鬻狱，势倾朝廷，常自草制敕，掩其文而请帝书焉，帝笑而从之，竟不省视"。私制诏书，并不让皇帝看内容，撒个娇，卖个萌，中宗便乖乖签字、通过。那些一个能挣几十万钱的官职大约便是这样卖出去的。又，安乐公主"请自立为皇太女，帝虽不从，亦不加谴"，安乐公主由此也成为史上唯一一个"请自立为皇太女"的公主。

滥用民脂民膏也好，卖官鬻爵也好，不管安乐公主怎样骄纵跋扈，"请自立为皇太女"取代太子的行为，在任何有政治嗅觉的人看来，都不会仅仅是安乐公主的任性而为。

《资治通鉴》载："皇后以太子重俊非其所生，恶之；特进、德静王武三思尤忌太子。上官婕妤以三思故，每下制敕，推崇武氏。安乐公主与驸马左卫将军武崇训常凌侮太子，或呼为奴。崇训又教公主言于上，请废太子，立己为皇太女。"意即韦后不待见李重俊上位，武三思则恐将来李家后人登基，武家地位不保，于是韦武联合，策划皇太女事件。

皇太女事件，韦武党最后虽未如愿，然，面对此事中宗犹疑不决，竟亲自招宰相魏元忠商议此事，这让各派势力看到了其中的玄机。

新晋太子李重俊嗅出了危险。这一次安乐公主没有成功，下一次呢，难保宠女狂魔能挣得脱宝贝疙瘩的纠缠，不定哪个时候就真的入魔，不管不顾地签字同意了。自己的储君之位，摇摇欲坠。

李重俊，中宗第三子，为品级低下的妃嫔所生，因此在后宫颇不受待见。出身为庶子，母亲身份低微，太子之位原本也不关他什么事。只是韦后唯一的亲生儿子也是中宗长子李重润，已经在长安年间因为背地里嚼二张兄弟的舌根，被其祖母武则天给逼死了。李重润等人私下里的谈话被举报到武则天那里，韦后认为这是二皇子李重福告密的，因而，中宗复位之后，韦后就要求中宗把李重福贬到外地。这样一来，李重润死了，李重福被贬，皇太子的宝座自然就落到了李重俊头上。

但是，现在，这宝座怕是不保了。

在韦后母女，既然不能顺利上位，曲线也成。《旧唐书·韦庶人传》载，韦后"方优宠亲属，内外封拜，遍列清要。又欲宠树安乐公主，乃制公主开府，置官署"。当年武则天为培植外戚，把岭外亲戚纷纷接回长安，封王袭爵，韦后效仿女皇，也将自己的亲戚们挨个封一遍。又进言中宗，允安乐公主开府。唐一代，有开府特权的，前有平阳公主，因为实打实的军功，后有太平公主，拥立中宗复位的功劳也是实实在在的，现在有安乐公主，原因简单粗暴：太平能开府，安乐自然也能。

其时，韦武党已将一批朝堂重臣收为羽翼，包括兵部尚书宗楚客、将作大匠宗晋卿、太府卿纪处讷、鸿胪寺卿甘元柬、御史中丞周利贞、侍御史冉祖雍、太仆丞李悛、光禄丞宋之逊、监察御史姚绍之，等等，李唐江山又有半壁听任异姓摆布。又，武三思进一步施加压力，中宗不得不同意"制武氏崇恩庙依旧享祭"，"改中兴寺、观为龙兴，内外不得言'中兴'"。

中宗复位之初，李唐的忠实粉丝均翘首以待，时谓"中兴"。如今神龙政变过去一年多，神龙功臣曝尸蛮荒，韦武一党把持朝权，成为最大赢家。而中宗，前有悍妻、骄女各种威逼利诱，后有武家势力虎视眈眈，折腾了这么久，仍然只享有封官、签字的权力。

"中兴"沦为空谈。

皇太女事件，嗅到危机的不仅是太子李重俊，李唐皇室也从这一挑衅行为中，看到了韦武党最新的政治动向。整垮五王，亦为中宗阵营敲山震虎之举，果有实效，相王、太平安分做着王爷、公主，没有异动。然，虎依然是虎，虎的实力犹存。韦武党要继续壮大，就必须拔掉虎牙。

于是，神龙二年（706）这一年，中宗宫廷表面并无大事。中宗依旧是个没心没肺的享乐派，微服简从，去宫外逛了几圈，爱上了市井的热闹，便屡次在宫里模仿市集，摆摊设点。韦后依然风流浪漫，新晋"闺蜜"散骑常侍马秦客、光禄少卿杨均，经常出入宫掖，前者懂医，通各种房中养生术，后者善烹饪，擅制各种催情美食，韦后提前过上了女皇式丰富的私生活。上官府邸、太平公主府邸依然夜夜笙歌、高朋满座，天下有才之士聚集于两府，纵谈天下，把酒赋诗。

依附韦武党

韦武党和李唐皇室的决裂已在暗中完成。前有中宗夫妇与武三思联姻，结成盟友，现在，相王李旦的两个女儿，也嫁给了太平公主的死党，一个是太平公主前夫薛绍的堂弟，一个是太平公主的忠实追随者薛伯阳。再，《旧唐书》载，"（太平）公主日益豪横，进达朝士，多至大官，词人后进造其门者，或有贫窭，则遗之金帛，士亦翕然称之"。从来都不差钱的太平公主，此时更是广散银财，招贤纳士，集结精锐。

再看上官婉儿此时的立场。《大唐故婕妤上官氏墓志》有载："以韦氏侮弄国权，摇动皇极。贼臣递构，欲立爱女为储，爱女潜谋，欲以贼臣为党。昭容泣血极谏，扣心竭诚，乞降纶言，将除蔓草。"就是说上官婉儿拼死反对韦武党弄权，为阻止皇太女事件继续发酵，婉儿泣血极谏。采取的方式有：先"请摘伏而理，言且莫从"，再"请辞位而退，制未之许"；又"请落发而出，卒为挫衄"；当所有方法都试过，"贼臣"依旧安好，最后婉儿"请饮鸩而死，几至颠坠"。

学者一致认为，墓志所载，乃虚美之辞。从来逝者为大，总要不遗余力粉饰一番的。墓志为李唐宗室遣人撰刻，当然会将上官昭容塑造成李唐王朝忠诚的追随者，但这篡改着实也够夸张的，完全将上官婉儿改造成了一个政治上的玛丽苏（同时也将中宗狠狠地黑了一次）。若婉儿真是会这么做的人，在宫廷戏里，她怕是活不过一集的。

以上官婉儿的政治素养，在当时处境中，她根本不会上书，遑论"泣血极谏"。虽同系中宗阵营，现在已不可避免地分化了，韦武党逐日壮大，中宗又成了光杆皇帝，又那般无底线地纵容妻女，是完全扶不上墙的。上官婉儿生来只能选择辅佐他人，此时身在其中，除了依附韦武党，别无他途。

《资治通鉴》载，"上官婕妤以三思故，每下制敕，推崇武氏"。在韦武党伺机扳倒李唐皇室，蠢蠢欲动时，上官婉儿依旧发挥所长，以她特有的方式，每下制敕，庇护武氏，掣肘李家。太子看在眼里，恨在心里。虽无更多史料支持，但后来景龙政变中，太子公开叫嚣索命婉儿，从此可看出，其时上官婉儿在韦武集团中，的确举足轻重，在多方面影响了太子府的利益，太子恨得牙痒痒。

皇墙之内，中宗复制的市集里，宫女扮作摊贩，售卖各类物品，中宗和公卿贵胄假装顾客，于市集中来往穿梭，观摩、张望、讨价还价，好不热闹。皇城之上，一线长天，数千载历史烟云悠悠滑过，俯瞰着这大内之中，和平吉祥背后，一次又一次的宫廷喋血。皇宫北面，巍巍玄武门亦静立于天地间，见证着大唐近百年来的风云变幻。

王昱托姨母沛国夫人转告上官婉儿，"上往囚房陵，武氏得志矣，卒而中兴，天命所在，不可幸也。三思虽乘衅，天下知必败，今昭容上所信，而附之，且灭族"！

风啸松林，山雨欲来。

第十二章 玄武门之殇

清波汹涌，

碧树冥蒙。

莫怪留步，

因攀桂丛。

——《流杯池》之十二

　　起句铿锵，"汹涌"一词可谓来势迅猛、凶狠，次句递进，林间云雾冥蒙，进一步营造一种危急氛围。晚来风急，山雨欲来。第三句，意态又复闲婉，直至最后，偶因桂丛吸引、停驻，一幅迅且急的动态画面，终归于人的静、桂丛的静。

　　此诗浅浅语，初读味淡，不过道出此类情事：林间漫游人偶遇风雨，归途中又被桂丛绊住。然，细加体味，又有另一种风致。

风致在没有入诗的部分。起句"清波汹涌",看似突兀,仿佛没有交代缘故,实则暗示漫游人已在林间闲荡许久。也正因这份对山野的迷恋,一花一树一草一木,颇熟悉又颇新奇,才会在风急雨将至的归途,仅因桂丛,便放弃避雨的打算。也只有将未入诗部分与诗句结合赏读,尾句才能稳稳落住。

虽只截取一个镜头,也蕴涵丰富,上官婉儿的山水诗,被公认为开盛唐山水之先,不是没有缘由的,如明代文学家钟惺所评:"非久习林园静思高寄,不能知此况味。"

李重俊政变

太白星，即金星，本位西方，晨现东方谓启明，晚落西方谓长庚。但武德九年（626）六月，太白星没有按套路升和落，先后在丁巳日、己未日，擅自经天，且位秦分。太白又主攻伐、变革，《汉书·天文志》谓"太白经天，天下革，民更王"，意即天下动荡，帝座易主。太史令傅奕观此天象，吓了几大跳，连忙密奏高祖："太白见秦分，秦王当有天下。"（《资治通鉴》）

所有征象指向了一个人：李世民。

本就对秦王李世民高度戒备的高祖李渊，听占星达人一忽悠，便坐不住了，召李世民入宫讯问。太白星擅自现身秦分，李世民也说不清为何，懵了。在父皇的逼视下，李世民为求脱身，即兴编了个桥段，说宫中传太子李建成、齐王李元吉，均与高祖后宫的嫔妃有染。这一下，高祖不是坐不住，而是暴跳如雷了，传太子、齐王第二天入宫，当场对证。

六月初四，太子、齐王起了个大早，入宫觐见父皇，等待被问讯。

进大内皇宫太极宫，北宫门玄武门是必经之路。秦王府八百府兵隐匿周遭，另有十二名心腹部署在玄武门附近。待兄弟二人抵至玄武门，众将士一拥而上。刹那间血溅长天，两人死于乱刀之下。其中，太子李建成为李世民手刃。为防后患，李世民将李建成、李元吉的十个儿子全部斩杀。

政变后第三天，李世民被立为皇太子，高祖宣布："自今军国庶事，无大小，悉委太子处决，然后奏闻。"约两个月后，李世民即位，成为唐王朝第二代皇帝。

逐鹿宝座的时代结束，江山收入囊中，放眼望去，普天之下皆为王土，心情自然大好。一个春光明媚的日子，唐太宗在玄武门城楼设宴，款待文武众臣，席间乘兴赋诗《春日玄武门宴群臣》。

> 韶光开令序，淑气动芳年。
>
> 驻辇华林侧，高宴柏梁前。
>
> 紫庭文珮满，丹墀衮绂连。
>
> 九夷簇瑶席，五狄列琼筵。
>
> 娱宾歌湛露，广乐奏钧天。
>
> 清樽浮绿醑，雅曲韵朱弦。
>
> 粤余君万国，还惭抚八埏。
>
> 庶几保贞固，虚己厉求贤。

韶光正好，淑气祥瑞，驻足如此美好春光，回首过往，展望将来。四海升平，国泰民安，万邦来朝，无愧于天地。通篇气魄雄伟，开创宏图霸业的帝王风度尽显。循例，诗末须来一个自谦的道德训诫：即便坐拥锦绣江山，仍当谦虚谨慎，戒骄戒躁。

不做个好皇帝，就对不起被自己弄死的俩兄弟。太宗对内虚心纳谏，劝课农桑，对外开疆拓土，东攻西征，开创了贞观之治，一代明君的形象流传青史。然，不论怎样的辉煌，都无法抹去手足相残的事实。太宗似一生都未走出玄武门的阴影，晚年尤甚。放弃锋芒毕露的魏王李泰，立性格仁顺的李治为太子，亦希望凭一己之力，保住宗室安宁。

仅仅八十年后，血脉亲人喋血玄武门的悲剧，再次上演。

景龙元年（707）七月，太子李重俊发动兵变。目标：清君侧。行动兵分两路。一路由李重俊和左羽林大将军李多祚率领，负责诛杀既定目标人物。另一路由左金吾大将军李千里率领，负责攻占皇宫各道城门，协助太子主力。

头号目标：武三思父子。

七月初六深夜，李重俊率三百羽林兵，直扑长安城南武三思府邸。此时正值宵禁，整个京城车马匿迹，人影罕至，显得异常空旷、静寂。太子军队在街上策马驰骋，如入无人之境，顷刻便抵武三思煊赫的宅府。

刀起头落。武三思刚被府里突然暴起的喧闹吵醒，便身首分离，至死都未来得及看清复仇者的面目。

武三思的人生就此谢幕。

一生三度拜倒在女人石榴裙下，从武则天、上官婉儿到韦后，依傍她们的权势，卖身求荣，步步心机，直至权倾朝野。曾险为刀俎下鱼肉，倏忽又咸鱼翻身，成为中宗朝最大的赢家。复制武周王朝，似近在咫尺了。然，机关算尽，却又阴沟里翻船。707年这个盛夏之夜，毫无征兆地，被自己半只眼都瞧不上的这个太子刺杀。与他"大气磅礴"的一生相比，这个结尾实在是太小众。

人生如戏。武三思用生命诠释了这句话。

二号目标：上官婉儿。

众兵士在武三思府邸乱砍一通，包括安乐公主丈夫武崇训在内，十余人中刀身亡。李重俊再领兵调转马头，扑向城北皇宫。此时，皇宫各城门已由左金吾大将军李千里率军占领。叛党顺利入皇城。众士兵擎戈持戟，哄然叫嚣。宫内早乱成一团，中宗夫妇已然惊醒。

李重俊"至肃章门，扣阁索婉儿"(《旧唐书》)。

中宗一生的悲剧在于，他总是与强者为伍，前有武则天，后有太平公主、上官婉儿、武三思、韦后，甚至跋扈的安乐公主，甚至现在这个嚣张的儿子，不管是能力还是性情，反正别人总有一头能压制他。活着不易啊，中宗由此磨砺出一个生存技能：顺从。他发现只要受制于这些爱折腾的人，自己便能从中谋利。

当初顺从母后，本分地在房州困了十六年，最后意外地当了太子；再顺从神龙政变策划者们，大家保他做了皇帝；再顺从武三思等，人家帮他解决了五王；再顺从韦后、安乐，不管娘俩如何弄权，好歹没让他这个丈夫、父亲下岗。直至现在，依靠这个技能，中宗把人生悲剧变成了轻喜剧，只要他啥都同意，他依然能做个逍遥皇帝。

李重俊"扣阁索婉儿"，说他只取上官婉儿性命，不关皇帝的事。中宗点头，同意。

生死一线，一念之间。

毕竟人家是父子，是一家人，自己只是下属，亲疏自现。婉儿明白，若想自救，只有将这把火引向众人，特别是皇帝。婉儿大言曰："观其此意，即当次索皇后以及大家。"(《旧唐书》)羽林军杀进皇城，那可是掉脑袋、抄家没族的重罪，竟然只为了诛杀区区一个上官婉儿吗？当然是要造反、逼宫的，皇帝、皇后一个都跑不掉。

中宗一想，此话很有道理呀。自己真的跑不掉的。神龙政变不是打着清君侧的旗号，把女皇变成了太上皇吗？中宗不想当太上皇。

这一次，中宗顺从了上官婉儿的建议，"帝与后遂激怒，并将婉儿登玄武门楼以避兵锋"（《旧唐书》）。众人登上玄武门城楼，然后，紧急召唤禁军前来护驾，同时命将军刘仁景等率留军飞骑及百余人于楼下列守。由此，皇帝身边将士与羽林军，在玄武门形成对峙。

接下来该怎么办？李重俊一时间懵了，找不到台词。他的策划中可没设计与皇帝老爸对峙这一环节。太子还是个心思单纯的孩子，他率军攻进皇城，想来真的只为清君侧，只为清除武三思、上官婉儿这些人，不然不会劳心费力从城南跑到城北，白白错失第一时间控制皇宫的良机。

史载，李重俊是中宗与普通宫女所生，非嫡非长，母亲又身份卑贱，无甚见识，宫闱内外都无人脉，李重俊自小在宫中便不受重视，也就随便养养。《新唐书》称其"性明果，然少法度"，性格果决，但不学无术，胸无点墨，平素也就是个斗鸡走狗的公子哥。这样的大场面，他该是生平第一回见。想来他也是第一回发现自己居然能搞出这么大的事，不知如何收场了。

太子懵掉，众将士是战是降？羽林军已然军心不稳。其时，中宗身边的宦官杨思勖，趁众人不备，纵马杀进羽林军，以风驰电掣之速，将前锋斩落马下。中宗再在城楼喊话："汝并是我爪牙，何故作逆？若能归顺，斩多祚等，与汝富贵。"

军心涣散，一溃千里。

太子党羽悉数伏诛，混战之中，李重俊好不容易逃出皇宫，亡命终南，又被左右袭杀，提着他的人头去朝廷领赏了。即使儿子已死，中宗也难解心头之恨，他老人家"制令枭首于朝，又献之于太庙，并以祭三思、崇训尸柩"，以儿子人头祭祀武三思父子。

武三思即使挖空了他的墙脚，但到目前为止，只要顺从武三思，他还可以继续做个享乐皇帝。而若李重俊兵变成功，眨眼间他就只能做太上皇。太上皇的待遇，看过高祖、武则天就知道，比软禁好不了多少。中宗非常生气。

最后，李重俊人头悬于城楼示众，无人敢为其收尸。在自己父亲的天下，太子李重俊成了孤魂野鬼，只有等到他伯父李旦坐上皇位，他的魂灵才能得到安息。睿宗李旦追念侄子李重俊，赐谥号节愍，史称节愍太子。愍，同"悯"。

这是第二次，李唐王室在玄武门上演血亲相残的悲剧。

心附帝室

上官昭容书楼歌

汉家婕妤唐昭容，工诗能赋千载同。

自言才艺是天真，不服丈夫胜妇人。

歌阑舞罢闲无事，纵恣优游弄文字。

玉楼宝架中天居，缄奇秘异万卷余。

水精编帙绿钿轴，云母揭纸黄金书。

风吹花露清旭时，绮窗高挂红绡帷。

香囊盛烟绣结络，翠羽拂案青琉璃。

吟披啸卷终无已，皎皎渊机破研理。

词萦彩翰紫鸾回，思耿寥天碧云起。

碧云起，心悠哉，境深转苦坐自摧。

金梯珠履声一断，瑶阶日夜生青苔。

青苔秘空关，曾比群玉山。

神仙杳何许？遗逸满人间。

君不见洛阳南市卖书肆，有人买得《研神记》。

纸上香多蠹不成，昭容题处犹分明，令人惆怅难为情。

　　唐贞元十四年（798），诗人吕温的好友崔仁亮，于洛阳南书肆，购得一本《研神记》。书保存良好，书章暗香盈盈，显是为防虫蛀，曾特意拿香料熏过。诗人偶然于书缝处发现婉儿签名，原来此书主人乃上官昭容，由是心生感慨，赋诗《上官昭容书楼歌》。此时距婉儿亡殁不过八十余年，人间一定流传着许多上官昭容的故事，因之，吕温在诗里描摹的上官昭容书楼，想来是有一定根据的。

　　首先看藏书楼的壮伟："玉楼宝架中天居"；再看藏书之多："缄奇秘异万卷余"，有很多举世罕见的珍本，"水精编帙绿钿轴，云母揭纸黄金书"，亦有《研神记》这样流行的志怪小说；又看书楼内布置："风吹花露清旭时，绮窗高挂红绡帷。香囊盛烟绣结络，翠羽拂案青琉璃。"真的是相当豪华的藏书楼了。

想象婉儿在这座藏书楼里悠游，像隐士行于山川，像农夫踏在自家地垄，这里拍拍，那里摸摸，检视自己视如珍宝的藏书，又或仅仅是聆听自己脚步在高大屋宇下，疏旷、清脆的回声，都该是一种享受。当年掖庭宫中，对诗歌如饥似渴，又苦无处索书，那些空落迷茫的夜，婉儿若在梦里遇到未来的自己，想来当是成为这样一幢豪华书楼的楼主。

如今，偌大皇城，锦绣无端，又暗涛滚滚，唯这藏书楼里，疏阔、自在。工作结束，又无酒会应酬，婉儿当会隐于此楼，煮茶览卷，啸咏长夜，一如诗所云：吟披啸卷终无已，皎皎渊机破研理。

只是大内乱局，波谲云诡，又瞬间万变，一幢藏书楼，终究是掩不住的。那个盛夏之夜，太子兵变，婉儿身在何处？也许就在书楼里，神游书海，披今阅古，直至刀剑锐鸣猛地刺入冥想，戳穿天地月色中藏书楼的清宁。

众兵士披甲佩刀，来势汹涌，公然索命。

太子李重俊"扣阁索婉儿"。只要交出上官昭容，大家皆可安好。

中宗点头，同意……

七月初六，漫漫长夜已过。地上血迹，已清洗干净，像什么都不曾发生。中宗依然没心没肺，韦后闺中仍旧春色撩人，安乐公主还未品尝丧夫之痛，又新添喜，她将与丈夫的堂弟武延秀成婚。宫中灯火彻夜辉煌，宫人们正在热热闹闹地筹备。任性的公主要一个盛大的婚礼。宫中禁军被拉来充当婚礼仪仗，叔父相王李旦亲做婚礼司仪，甚而太平公主也不得不有所表示，携夫君起舞，为婚典助兴。

整个宫廷在狂欢。不久前的喋血玄武门，父子相残，似已被抛在脑后。地上血迹已干，空气中的血腥味被华贵的香料遮掩。空荡荡的太子府，如诅咒一般，立于暗夜，无人敢靠近。太子李重俊流浪的魂灵，是否回过此地？

敌人迎面而来时，上官婉儿别无选择，只有奋力迎击。与婉儿的政治经验比，李重俊显然太过稚嫩。只需轻轻一句话，便可将其击毙。她利用了太子的天真，但无可奈何，政治就是战场。

但是，失误在哪里？自己在何处出错了？

从十三岁进宫，宫廷政治中沉浮三十多年，这是最为凶险的一次。即使当年忤逆女皇，险些赐死，也不及这一回，就差那么一点，便葬于乱刀之下。

长安盛夏夜，城外田垄间，蛙鸣、虫鸣次第交织，时而明朗，时而沉潜。浩漠苍穹下，火烛游移，远去，火光渐次暗淡，直至被夜色吞没。城里人家，犬吠间或迸发，更增添夜的空荡和幽寂。长安宵禁，一如既往，街道人迹杳然，唯禁吾卫巡夜，马蹄嗒嗒，嗒嗒，从夜的深处传来，又遁去，像时光的叹息，凝结，忘却……

政变士兵公开叫嚣，"扣阁索婉儿"，不论如何，上官婉儿似难辞其咎。此次事件后，上官昭容降职婕妤，学者由此揣测，此次降职"成全了她退出权力中心以观望时局变化，再做政治抉择的想法"。李重俊政变给上官婉儿以极大的震撼，痛定思痛，她开始思索下一步该怎么办。简言之，是否再继续与韦后一党合作，上官婉儿已在心中存疑。

《唐会要》卷十八载，上官婉儿表弟王昱曾对郑夫人说："今有天命，以能兴天之所兴，不可二也。而武三思有异志，天下知之，必不能成。昭容为上所信，而附会三思，诚破家之征。愿姨思之。"王昱请郑夫人向婉儿转达自己的意见，婉儿当时只是一笑了之，觉得这个弟弟是杞人忧天。她是皇帝皇后面前的红人，有什么危险呢？

可是，这一次政变，自己差一点儿就死在乱刀之下啊。

上官婉儿又一次站在抉择的路口。

一夜，又一夜，上官婉儿蛰伏于书楼，凝望这长安夜色、皇城风云，审视自己的政治生涯。回顾来路，清点过失，计划下一步，该何去何从。藏书楼内，书茶诗酒，看似自成天地，然，人间烟雨，功名宦海，升有时，落有时，荣有时，衰亦有时，到底，也只能将这一身文武艺，货与帝王家。纵然书楼，也只能藏书，从来藏不住红尘凡心，拳拳执念。

韦后：我也要做女皇

如今，韦后已成为那个做梦都会笑醒的人。

李重俊兵变，伏诛，太子之位自动腾出。武三思被杀，这又是另一个惊喜。一个迟早会摊牌的劲敌，就这样被人轻易除掉，且不费自己丝毫，不能不说是意外收获。虽说从此闺中会少一个密友，但男人嘛，点心而已，没有这个还会有下一个，不愁前路无知己。夺权，才是人生大业。

武氏势力，少了武三思这个领头人，便成了无头军，韦后趁势收服，悉数归在自己麾下。且陆续援引宗楚客、纪处讷、郑愔，甚至韦家亲属入相，把持中枢政权，"温等既居荣要，熏灼朝野，时人比之武氏"，一时间韦后党羽阵容空前，势力大炽，赶得上武三思生前的威风了。控制了朝廷最高行政权，韦后信心百倍，开始马不停蹄地铺设自己的女皇之路。

第一步，把持禁军。历来宫廷政变，都少不得禁军配合。只要收服禁军，控制城门要径，皇帝就成了泥菩萨，取帝座几乎就如探囊取物。因之，韦后把这一重要职务交给了韦家亲戚，如，族兄滔为左羽林大将军，族侄捷为右羽林大将军。

第二步，自加封号。当年武则天不是与高宗并称二圣吗？看来女主天下，加封号、自抬身份是必不可少的步骤。由是太子政变刚被镇压，韦后便授意宗楚客率百官上书，请为皇帝夫妇加号。唐中宗被尊为应天神龙皇帝，韦皇后被尊为顺天翊圣皇后。

第三步，制造祥瑞。武则天能让洛河里一块普通的石头变成祥瑞，韦后也有的是办法。景龙二年（708）二月，韦后指使左右宫人，妄称衣箱里飞出五彩祥云，宰相韦巨源"以为非常佳瑞，请布告天下"（《旧唐书》）。没过多久，又指使右骁卫将军、知太史事迦叶志忠进献《桑条歌》，宣扬皇后之德。

两年前，为了扳倒五王，韦后把放荡私生活给贡献出来，现在，摇身一变，成了以养蚕、采桑等妇德母仪天下的正经皇后。估计京城百姓还在惊愕中呢，不知咱风流皇后是受了什么刺激，要改邪归正了。

不管怎样，韦后里里外外忙了一通，收效甚好，朝廷上下，百官唯皇后命是从，那叫一个烈火烹油，鲜花着锦。忙完这些，韦后拍拍手，原来当女皇并不难嘛，也就这几个步骤而已，阿武子（韦后母女对武则天的蔑称）可是耗了半辈子才完成，自己竟只用了不到五年时间。韦后忍不住要给自己点赞。

现在只差最后一步了：等中宗死掉。一如当年武则天等高宗宾天才临朝称制。高宗皇帝病了十多年，终也善解人意地死掉了。可中宗，看上去活蹦乱跳的，杀了儿子以后，似乎精神头更足了。韦后的耐心有限，不知道能否等得住。

那就先等等看吧，反正也还有其他的事忙。中宗庸懦，但李家还有别人。若要将这天下改姓韦，相王李旦和太平公主就是必须要拔除的眼中钉。安乐公主婚礼，先征用皇家禁军充作婚礼仪仗，又挪用皇后专车用作公主婚车，再命堂堂相王做婚礼司仪，甚而迫得年近半百的太平公主，也要携夫君起舞，为侄女的婚礼助兴。种种对皇家、宗室礼仪的僭越，韦后母女用意甚明：既是下马威，又是公开宣战。

上官婉儿冷眼旁观韦后母女弄权。武则天确是用了三十多年的时间，才完成韦后用几年就弄完的步骤。当女皇六十七岁称帝时，也真的是垂暮之年了。然，人生和人生的差异，终究不在几个干巴巴的步骤。这也是生命最平等的地方，每走一步都有每一步的分量。你没走过的，到底是没走过。

《资治通鉴》载上官婉儿"自是心附帝室，与安乐公主各树朋党"。也就说，这个时候上官婉儿在有意地与韦后、安乐公主保持一定距离。

琉璃案上，这本散发着幽微药香的《研神记》，承着朝阳熹微，陪主人迎来新的一天。它不知道，自己有一天会从这仙境般的藏书楼，贬谪凡尘，遗落人间，为别人收藏、览阅。

想来，纵然它知道也是无畏的。人有人的使命，书亦然。

第十三章

称量天下

仰循茅宇，

俯眄乔枝。

烟霞问讯，

风月相知。

——《流杯池》之十三

　　循，通"巡"，巡视，环视。茅宇，茅草屋舍。眄，斜着眼睛观察。仰循茅草屋宇，俯眄古树长枝。若逢烟霞问讯，风月自然相知。

　　此诗起句阔大，似凌空劈来，颇有气魄。料想诗人站在一个制高处，视野辽阔，目之所及，天际隐现，古木森然，薄雾袅袅，似烟似霞。

仰循对俯昕。一仰一俯间,天地今古苍浑,胸中浩然。"茅宇""乔枝"虽为隐士标配,然"仰"与"俯"目光所含的霸气,似又将"隐"无情碾压。烟霞对风月。此处"风月"可做三重释意,既是风和月,仍喻隐士情怀,又是风月,喻诗人风流,盛世风流。终了,又无关风月。风月消歇处,壮心激荡。

《庄子·山木》曾云:"庄子行于山中,见大木,枝叶繁盛。伐木者止其旁而不取也。问其故,曰:'无所可用。'庄子曰:'此木以不材得终其天年。'"大木虽枝叶繁盛,却因"不材"而能终其天年,暂不论幸与不幸,古人所好的这般进退卷舒自如的人生观,实不为上官家族的性格。

其时,婉儿正值人生巅峰,称量诗坛,如《历朝名媛诗词》所赞,"称量人才,其所甲乙,藻鉴特精,遐想其人,殊为神往"。婉儿承继祖父遗志,完成了祖父未竟之业。

修文馆馆主

景龙二年（708）四月，上官婉儿奉圣命，领衔规制修文馆。

唐一代，修文馆始建于唐武德四年（621），高祖时期，无甚声名，其时，李世民秦王府的文学馆及"十八学士"，势压修文馆。武德九年（626），经玄武门政变，李世民称帝，接手修文馆。随着太宗统治逐渐步入偃武修文时期，修文馆日益受到重视，聚书二十余万卷，由文学侍臣虞世南、上官仪等领衔掌管。

武则天时期，因女皇雅好文艺，修文馆学士群体再次扩充，前有北门学士，后有奉宸府的珠英学士。其时也涌现了许多著名诗人，成就斐然，如史称"文章四友"的苏味道、李峤、崔融、杜审言，又有宋之问、沈佺期这两位对律诗发展做出卓越贡献的一线诗人，等等。

依《唐六典》所载，修文馆主要职责在于："掌详正图籍，授教生徒。凡朝廷有制度沿革，礼仪轻重，得参议焉。"从设馆始至景龙二年，修文馆虽为常设机构，授教生徒，藏书储贤，有参议权，然，建馆八十余年，馆内只设学士和直学士，分别为五品、六品，政治地位较低，且缺乏管理，人员流动性强，数目亦不固定。

景龙二年（708），作为新任馆主，上官婉儿走马上任，从四个方面着手进行修文馆的改革。

第一，提高修文馆政治地位，方法是增设大学士一职，由三品以上朝廷重臣担任。首批大学士成员四名，分别为李峤、宗楚客、赵彦昭、韦嗣立。其中，李峤时任中书令、赵国公，宗楚客时任兵部尚书、郧国公，赵彦昭为中书侍郎、同中书门下三品，韦嗣立为太府卿。

第二，力纠从前的混乱，首倡设立学士和直学士的编制。其中，学士八员，直学士十二员，首批人员名单，《新唐书·李适传》有载：李适、刘宪、崔湜、郑愔、卢藏用、李乂、岑羲、刘子玄为学士，薛稷、马怀素、宋之问、武平一、杜审言、沈佺期、阎朝隐为直学士，又召徐坚、韦元旦、徐彦伯、刘允济等满员。其后被选者不一。

第三，更新选聘标准。据《唐六典》载，武德、贞观年间，修文馆学士遴选标准为"皆妙简贤良为学士"，意谓学士得是品学兼优的"三好学生"。上官婉儿任馆主时，标准更为"征攻文之士以充之"（《唐会要》）。能者居之，不拘一格。上官婉儿起用神龙元年（705）的一批贬谪之臣。宋之问、杜审言、沈佺期等先后奉旨北归，供职修文馆，任直学士。

曾因媚附张氏兄弟，贬谪南荒，穷山恶水之间求生存，然，祸福两依，从京都盛世到岭外荒寒，诗人们经历了大挫折，也见了大天地，感受了人世沧桑，宦海淬炼，世谓"逐臣意识"，诗风、诗材都较以往丰富，拥有更饱满的生命层次和质地。他们任职修文馆，回归宫廷诗坛，这对中宗文坛的繁荣意义重大。

第四，延揽天下英才。《景龙文馆记》载："至若幽求英隽，郁兴词藻。国有好文之士，朝希不学之臣。二十年间，野无遗逸，此其力也。"致力于推掖才俊，扩充修文馆阵容，以至举国上下不乏饱学之士，朝堂内外鲜有不学之人。

自修文馆改革，宫廷应酬唱和、游宴赋诗活动大量增加。史载，中宗一朝，从神龙元年（705）至景龙四年（710），约六年时间里，以中宗为首的游宴赋诗活动，多达五十余次。中宗本就是个爱玩的主，现有修文馆介入，吃喝玩乐，由是有了官方文化活动的名义，中宗更是不亦乐乎。

《全唐诗话》载："凡天子飨会游豫，唯宰相及直学士得从。春幸梨园，并渭水祓除，则赐柳圈辟疠。夏宴蒲萄园，赐朱樱。秋登慈恩浮图，献菊花酒称寿。冬幸新丰，历白鹿观，上骊山，赐浴汤池，给香粉兰泽，从行给翔麟马、品官黄衣各一。帝有所感，即赋诗，学士皆属和，当时人所钦慕。"

四季轮转，万物常新，景与景自然不同。中宗趁此良机，将长安及周遭的景点逛了个遍。有学者从《全唐诗》统计得出，景龙年间，修文馆内集结的诗人群体，先后有一百七十多位参与皇帝游宴赋诗，共创作了应制诗七百三十余首。规模不可谓不大。

奉帝君命，就某个特定题目作诗，得在瞬息之间一挥而就，又须考虑帝君感受，进行必要的奉承。由此得来的应制诗，质量或有参差，水准不一，又有刻意歌功颂德的迹象，等等，诸多缺陷都在预料之中。然，必须明确的一点是，集结于中宗周围的，可都是初唐诗坛大咖。天下名士有此机会，荟萃一堂，华山论剑，又为拔得头筹，得到皇帝垂青，费尽思量，这于诗艺的切磋，诗材范围的探讨，原本就是促进。

再，《唐音癸签》载："有唐吟业之盛，导源有自……于时文馆既集多材，内庭又依奥主，游宴以兴其篇，奖赏以激其价，谁邕律宗，可遗功首？"

《资治通鉴》亦载："每游幸禁苑，或宗戚宴集，学士无不毕从，赋诗属和，使上官昭容第其甲乙，优者赐金帛。"

"奥主"上官婉儿借鉴女皇"赋诗赐锦袍"的方式，以明确的奖赏"金帛"来激励诗人创作。这既能促进好作品的产生，又是对诗人的肯定，而报酬本身也是一种尊重。想来诗人们当是更喜欢金帛的。皇帝御赐的锦袍，只能供着，不能吃，不能喝，冷了也不敢穿来御寒，而该贬的时候还是被贬了。金帛，至少是实在的，好处也简单直接。

也正是在这样的环境中，中宗朝诗坛，在有唐一代空前繁荣，成为盛唐文学的先声，更迎来了七律的最终成型，赵昌平先生评价道："'七律'的成熟有其特定背景，这就是武后中宗时期频繁的应制唱和活动。特别是中宗景龙二年四月修文馆学士的设置，最后促成了'七律'的突变，使初唐'七律'上的引号终于可以去掉而成为定型的七律。因为这一建置集中了当时最优秀的诗人，造成了实践、探讨、切磋、学习的良好条件。"

七律终在景龙年间定型，上官婉儿功不可没。

站在修文馆，祖父上官仪曾工作过的地方，不知婉儿是否有去寻找过祖父的痕迹。祖父、父亲蒙难时，她尚在襁褓，两位至亲，她竟无丝毫印象。每当想起，只有无穷无尽的空落，仿佛宇宙间仅她一人。一个没有出处、没有渊源的人。

但她又知道，祖父一直都在的。在诗歌里，在修文馆那些他曾经掌管的藏书里。她也知道，她在修文馆的作为，祖父若泉下有知，当会为她骄傲的。

风雅之声

慈恩寺，位于长安城晋昌坊，唐贞观二十二年（648），太子李治请旨修建，追念母亲长孙皇后。寺内环境幽美，有谓"寺南临黄渠，水竹深邃，为京都之最"。寺中牡丹又为长安一绝。值牡丹花开时节，往往游人如织，络绎不绝。寺内更有蜚声海内的大雁塔，为唐永徽三年（652）玄奘法师亲自主持修建。塔高三百尺，塔内供奉着法师从天竺请回的佛像、舍利和梵文经典。此塔亦法师生前译经处所。

麟德元年（664），玄奘法师圆寂。昔人乘黄鹤仙去，大雁塔屹立千载，承世道人心。至今，落阳晚照中，漫天彩霞，缓缓西坠，宛若惊鸿游龙，又若都市霓虹，都在讲浮生故事。蓦然回首，唯见大雁塔，千古同一，默然耸峙于天地间，笑傲风云，俯瞰苍生。

一千三百多年前，上官婉儿眼里的大雁塔又是怎样的呢？

景龙二年（708），九月九日重阳节，唐中宗率领群臣游赏慈恩寺。《唐诗纪事》载："九月，幸慈恩寺塔，上官氏献诗，群臣并赋。"上官婉儿赋诗《九月九日上幸慈恩寺登浮图群臣上菊花寿酒》。

> 帝里重阳节，香园万乘来。
> 却邪茰入佩，献寿菊传杯。
> 塔类承天涌，门疑待佛开。
> 睿词悬日月，长得仰昭回。

慈恩寺浮图，即大雁塔。睿辞，圣哲的辞藻，颂扬帝王诗文的用语。昭回，谓银河里星辰光耀回旋，如《诗·大雅·云汉》："倬彼云汉，昭回于天。"起句峭拔生姿，着意营造帝王出游的壮伟仪仗，"万乘"即见皇家扈从的排场。颔联中，"却邪"对"献寿"，寥寥十字，简笔勾勒重阳节活动。却、入、献、传四个动词连用，简净利落，亦传递出重阳节庆中人们的欢快、洒落。颈联，首句写远景中的大雁塔，塔接穹宇，势如地涌，将目光导向天空，次句"门"又将目光拉回，一仰一俯间，视角转换，视野辽远，有一种西北晴空特有的明亮、高远，更可见秋色长天中，大雁塔顶天立地之姿。

同年十月三日，中宗率群臣游赏长安三会寺。上官婉儿赋诗《驾幸三会寺应制》。

> 释子谈经处，轩臣刻字留。
> 故台遗老识，残简圣皇求。
> 驻跸怀千古，开襟望九州。
> 四山缘塞合，二水夹城流。
> 宸翰陪瞻仰，天杯接献酬。
> 太平辞藻盛，长愿纪鸿休。

释子，释迦弟子，这里是僧徒的统称。故台，仓颉造字台，长安三会寺内的造字台，相传为仓颉受到鸟迹启发而造字的地方。遗老，历经世变、沧桑的老人。跸，帝王车驾。宸翰，皇帝身边的文学侍从。第一、二联状写三会寺内两处名胜：释迦弟子谈经处、仓颉造字台，都是沧桑，都是古意，自然承接到第三联的"驻跸怀千古"。溯古为思今，"怀千古"对"望九州"，怀与望，又是一组动词，且各自神态鲜明，"怀"为沉思状，情绪是内省、含蓄的，"望"则为外向、蓬勃又充满豪气的，一怀一望间，自有一种思绪流转的韵致。情绪的收与放中，又自然对应各自的动作："驻跸"和"开襟"。第四联，承"望九州"，目光再拓展到天地间。三会寺四山相拥，两河环抱。寥寥数字，地形已跃然纸上。而"四山"对"二水"，又是上官婉儿喜用的意象并置，一刚一柔，一个缄默无言，一个灵动流婉，又各以动词"合""流"顿然收住，且准确对应山、水各自的或阳刚或柔媚的姿态。此五言对仗精整，一气直下，毫无挂碍，且诗格雄丽，就意境的阔大而言，已有盛唐神韵。

三会寺虽未能抵挡住岁月流逝，湮灭于历史中，今遗址不存，然从此诗，依稀能望见当年气象，想来是上至王公贵族下至普通百姓，都不会错过的长安绝胜。

景龙三年（709）年末，中宗游幸新丰温泉宫（位于今西安临潼），上官婉儿随驾。《全唐诗》上官昭容条云："景龙三年十二月十二日，中宗皇帝驾新丰温泉宫。上官昭容亦赋绝句三首以献。"

三冬

三冬季月景龙年，万乘观风出灞川。

遥看电跃龙为马，回瞩霜原玉作田。

此诗写帝君仪仗行进途中。首句平稳入题，点明时间，次句写地点，帝君率众从灞川出。此时为隆冬时节，漫天飞雪，皇家仪仗驰骋于广袤雪原。第三句气势陡起，言骏马神速，"遥看"有引颈瞭望意，焦距很长，万马奔腾、绝尘而去，画面里似烟尘滚滚，尾句又荡开，落定、转静，写远景中的雪原，皑皑银装，四望皎然，如明玉覆原，营造出飞雪中天地浑茫、空阔之感。

诗格豪放，笔下锋芒，飒爽巾帼风。尤"遥看""回瞩"二句，钟惺评曰："遥看、回瞩俱有分晓……绝句能陡然竟住，毕竟神老气健。……全诗皆以猛力震撼出之，可以雄视李峤等二十余人矣！"

鸾旐

鸾旐掔曳拂空回，羽骑骖驔蹑景来。

隐隐骊山云外耸，迢迢御帐日边开。

鸾旐，皇帝仪仗中的旗帜。骖驔，快马。骊山，位于今西安临潼东南，山上有烽火台，传周幽王为博妃子一笑，烽火戏诸侯之处。此诗写帝君仪仗抵达目的地，结营扎帐之事。风卷鸾旗，猎猎作响，遮空蔽日，天子扈从飞驰而来。骊山隐现天际，高耸入云，御帐迢迢，辉映着云际的山峰轮廓。摄景由远而近，从天际至山脚，一个长长的焦距中，皇家御帐的规模不同凡响。

翠幕

翠幕珠帏敞月营，金罍玉斝泛兰英。

岁岁年年常扈跸，长长久久乐升平。

金罍玉斝，古代盛酒的器具。兰英，美酒飘香，如兰花般芬芳。扈跸，皇帝车驾的护从。此诗写御帐内的皇家饮宴。《三冬》写出游途中，《鸾旐》列扎营之事，此《翠幕》为御帐夜宴。三首诗拼接，便是一幅完整的天子出游图。帐外雪光皎皎，营内翠幕珠帏，华灯璀璨，君臣饮酒赋诗，共享美景佳酿，唯愿江山永固，长安万户，岁岁年年，和平吉祥。

应制诗作，循例，诗末都须诵天子圣德，然，"长长久久乐升平"当属婉儿由衷之愿。随驾天子仪仗，婉儿眼里望出去的，笔端摹写的，不仅仅为揣摩天子意趣。这长安绝胜，大唐山水，她亦是风景中人、局中人。

婉儿这组仅存于世的应制诗，诗笔恢宏，骨格雄放，声韵高亮，有一种数风流人物还看今朝的气魄。这是上官婉儿眼中的长安，亦是她对时代的期许：真的英雄，当不问来处。

彩楼评诗

《唐诗纪事》载，景龙三年（709）正月，中宗游幸昆明池。泛舟池上，沿池列帐，设宴，置彩楼。

时值早春，寒意尚存，池边杨柳，树干仍显枯瘦，然，枝条已然萧舒、柔软，做好准备迎接春风雨露。近旁有腊梅园，冷香幽幽，清冽中亦见婉媚。连翘、迎春，这里一丛，那里一丛，开得绚烂、嚣张，不管不顾的，有些市井气了，似配不上这皇家园林的端庄。不过那热热闹闹的劲，倒也是极入世的，朴直中自有烟霞。

中宗诗兴又来了，领衔赋诗一首。群臣属和，共制诗百余篇。孰优孰次？今日谁会将金帛收入囊中？上官婉儿奉圣旨评诗。

御帐前，彩楼之上，上官婉儿亭亭而立，手执一沓诗稿。文士们皆聚在彩楼前，引颈仰望，静待奥主选鉴。每一篇诗稿，上官婉儿从头到尾，略一扫视，再念出诗人的名字，诗稿随之飘飘扬扬，从彩楼落下。似乎能听到诗人在低声叹气，唉，金帛又没戏了，又无奈，攥着诗稿，默然垂首。人丛中间或浮起一片细小的骚动，窸窸窣窣，继又恢复宁静，诗人们复又引颈，仰望。

倏而间，上官婉儿抛掷诗稿的速度渐快，想是大都不入奥主法眼，也不念名字了，诗稿一页接着一页从彩楼飞下，《唐诗纪事》谓"须臾纸落如飞，各认其名而怀之"。最后，婉儿目光落在两篇诗稿上。

奉和晦日驾幸昆明池应制

沈佺期

法驾乘春转，神池象汉回。

双星移旧石，孤月隐残灰。

战鹢逢时去，恩鱼忘幸来。

山花缇骑绕，堤柳幔城开。

思逸横汾唱，欢留宴镐杯。

微臣雕朽质，羞睹豫章材。

奉和晦日驾幸昆明池应制

宋之问

春豫灵池会，沧波帐殿开。

舟凌石鲸度，槎拂斗牛回。

节晦蓂全落，春迟柳暗催。

象溟看浴景，烧劫辨沉灰。

镐饮周文乐，汾歌汉武才。

不愁明月尽，自有夜珠来。

上官婉儿似有踌躇。蹙眉，沉吟。

早春阳光，清浅凉薄，彩楼下，翘首等待的诗人们的眼中，唯奥主眉心那一颗梅花状花钿，光芒灼灼，熠熠生辉。

《唐诗纪事》载，上官婉儿评曰："二诗工力悉敌，沈诗落句云：'微臣雕朽质，羞睹豫章材。'盖词气已竭。宋诗云：'不愁明月尽，自有夜珠来。'犹陟健举。"

沈乃伏，不敢复争。

昆明池判诗，这则轶事流传甚广，几乎是所有讨论初唐诗歌发展的学者都不会错过的。而上官婉儿对沈、宋两诗的评判历来也被公认为行家语。如明代王世贞甚为同意上官婉儿的判定，称沈的结句是"累句中的累句"，宋的结句是"佳句中的佳句"。

彩楼之上的上官婉儿，迎风而立，衣袂飘飘，傲视群才。此般景致或真的可以和当年披甲驰骋的平阳公主、与龙座上指点江山的武则天相提并论。那是一个时代的气象。前无古人。

楼下的诗人们翘首而望，等待这位诗坛领袖对自己诗章的裁决。只见她目光迅速在诗章扫视，手起纸落，一页一页的诗从彩楼飘下。每有纸张落地，总在人群中引起一阵窸窸窣窣的骚动。诗人才子们哄抢着诗章。捡到自己诗歌的人，摇着头叹着气，非常遗憾地退出人群。其余的幸运儿继续仰头观望。

阳光下，上官婉儿眉心的花钿，反射出夺目的光芒。

《新唐书·上官昭容传》载："数赐宴赋诗，君臣赓和，婉儿常代帝及后、长宁安乐二主，众篇并作，而采丽益新。又差第群臣所赋，赐金爵，故朝廷靡然成风。当时属辞者，大抵虽浮靡，然所得皆有可观，婉儿力也。"

"大抵虽浮靡，然所得皆有可观"，想来，必是在诸多类似昆明池赋诗的酬唱中，于一片驳杂之音中，婉儿以一己之力，致力荡涤宫廷诗残余的颓靡之气，推动确立新的诗歌审美体系。婉儿谓"健举"，意即诗之骨格，当昂扬有态，挺挺有标格。"不愁明月尽，自有夜珠来。"这也是初唐人的精气所在，天真、无畏、豪勇，有一种天生我材必有用的自信，又似时刻准备着卷土重来。

"当生贵子，而秉国权衡。"

"持此称量天下。"

郑氏生前一定与女儿多次讲起这个梦。妊娠期间，有一夜，郑氏梦境里走来一位仙人，一袭白衣，美髯飘逸，双目清炯。仙人手持一杆奇怪的大秤，递与自己，并言她腹中孩儿将来会身居高位，秤量天下……从前在掖庭宫，这个梦是当成一个笑话来讲。郑氏眼见得女儿在女皇身畔蛰伏数年后，又步步高升，又有数次仔细回想这个梦，想的时候也会轻轻笑出声。想来大仙也有料事不神的时候，他不是预言她腹中是一个男孩儿吗？

李重俊兵变后，郑氏不再想这个梦。

这位隐身于婉儿身后的母亲，史料记载寥寥数字。名字、年龄、籍贯、家世，以及性情，皆不详知。然而依常理亦可推测，李重俊兵变是一个母亲的梦魇。婉儿是否会秉国权衡，秤量天下，已不重要，她更希望女儿平安，一生有始有终。

玄武门城楼，与太子、中宗较量，十万分惊险中，上官婉儿是否有想起母亲？当是一定的。那一刻，若她没有抓住那一线生机，又若出现任何一丁点的差池，中宗为保命，将自己拱手送至叛军手上，她自然就成了"清君侧"的牺牲品，年迈的母亲一定会被牵连。

从来天子无情，最坏的打算，往往也是最有可能的。

景龙三年（709）年中，郑氏去世，以她从未曾奢望过的沛国夫人的身份下葬。上官婉儿请旨丁母忧。

从此，天地间真的只剩婉儿自己了。

这样也好，尘世中，或进或守，她都不会有牵挂了。

再无软肋，一身盔甲。

第十四章 风里听松声

横铺豹皮褥，

侧带鹿胎巾。

借问何为者，

山中有逸人。

——《流杯池》之十四

　　鹿胎巾，用鹿皮制作的头巾。豹皮为褥，鹿胎巾覆额，一看便知，此乃唐时贵族行猎标配。逃离城市，潜进山林，偶遇林间逸人。诗味冲淡、自然，不过娓娓道来。然，豹皮、鹿胎巾，不仅显示诗中人的贵族身份，亦带有浓烈的都市色彩。

　　比较王维的《终南山》："太乙近天都，连山接海隅。白云回望合，青霭入看无。分野中峰变，阴晴众壑殊。欲投人处宿，隔水问樵夫。"

两诗表达方式虽十分不同,诗歌大意却近似,均为诗中人日访山林,偶遇林中逸人(或曰樵夫)。就诗境而言,王维别业辋川山谷,又曾隐居终南,对山野风景、生活自是非常熟悉,如尾联"欲投人处宿,隔水问樵夫",画面清新、可感,尤具远神远韵。

美国学者宇文所安先生认为,追溯唐代别业诗歌渊源时,上官婉儿这组《游长宁公主流杯池》不容错过。正是在她"返璞归真"和"平淡自然"的风格中,上官婉儿"开启了王维《辋川集》中的那些名篇佳作的先河"。

必须承认,上官婉儿是达不到王维诗歌的高度的。比较这两首诗,高下立现,然,亦是可解的。不独王维,读有唐一代任何一位男性官宦或诗人的本传,你会发现他们的经历异常丰富。忽而塞外,忽而江南,忽而荒漠,忽而蜀南蜀北,忽而高楼畅饮,忽而灞桥折柳。

而上官婉儿,终身囿于京都,囿于皇城。

中宗暴崩

正月十五夜

苏味道

火树银花合，星桥铁锁开。

暗尘随马去，明月逐人来。

游妓皆秾李，行歌尽落梅。

金吾不禁夜，玉漏莫相催。

千余年前的长安上元节（后称元宵），可谓唐朝版狂欢节。平日里，京城严格宵禁，谓"金吾禁夜"，坊门按时关闭，各人归各家。依《唐律疏议》载："诸犯夜者，笞二十。……"注云："闭门鼓后，开门鼓前，行者皆为犯夜。"但在上元灯会，普天同庆，宵禁会暂时破例，时谓"金吾弛禁，特许夜行"，意即政府特准，允彻夜不归。因之，每年一度的上元佳节，上至贵戚，下至商贾、农人，皆倾城出动，出门找乐子去了。真真儿是狂欢节。

长安上元佳节，有两大看点。

第一，看灯。既是观灯会，灯自然是主角。张鹭《朝野金载》卷三载其灯会盛况："于京师安福门外作灯轮，高二十丈，衣以锦绮，饰以金玉，燃五万盏灯，簇之如花树。"五代王仁裕《开元天宝遗事·百枝灯树》亦载："韩国夫人置百枝灯树,高八十尺,耸之高山上,元夜点之，百里皆见，光明夺月色也。"

第二，看美人。美人观灯，出行隆重，说不定会钓到一个高富帅，自然盛装打扮，如苏味道诗里所说"游妓皆秾李"。美貌歌妓，烟视媚行，又给这个不夜长安城添了许多妩媚，许多温柔，或也有许多爱情，许多断肠。

不单是歌舞妓人，宫中美人也会组团出游，张鷟《朝野佥载》卷三又载："宫女千数，衣罗绮，曳锦绣，耀珠翠，施香粉。一花冠、一巾帔，皆万钱，装束一妓女皆至三百贯。妙简长安、万年少女妇千余人，衣服、花钗、媚子亦称是，于灯轮下踏歌三日夜，欢乐之极，未始有之。"

再如诗人袁不约在《长安夜游》里细致描摹的：

> 凤城连夜九门通，帝女皇妃出汉宫。
> 千乘宝莲珠箔卷，万条银烛碧纱笼。
> 歌声缓过青楼月，香气潜来紫陌风。
> 长乐晓钟归骑后，遗簪堕珥满街中。

"千乘宝莲珠箔卷，万条银烛碧纱笼。"瞧这架势，很有要与宫外美妓争锋的派头。一夜狂欢后，路道巷陌，累累尘埃中，遗落掉许多名贵的簪子、耳坠。主人早已回宫，唯这些饰物，在晨间的清辉中孤零零地躺着。

然，也有贪恋俗世幸福，从此与宫廷成老死陌路的。据载，景龙四年（710）上元节，丢的就不仅是一些首饰了。三千宫女，出宫夜游，规规矩矩回宫的寥寥，有一大半趁夜都给跑掉了。用学者蒙曼的话说，这一夜长安城许多小伙子，艳福齐天，娶到了从天而降的美丽姑娘。

规模盛大，等一年才有一次，这样的狂欢节，中宗自然不会放过。自神龙元年（705）女皇仙逝，从此再无女巫似的母后在一旁吓人了。短短几年间，中宗马不停蹄，春幸梨园，夏宴葡萄园，秋登慈恩浮图，冬幸新丰，又是在宫里摆摊，组织拔河比赛，又是泛舟昆明池，又是微行上元节，与万民同乐，中宗彻底放飞自我了。

想象中宗一行，微服市井，挤在涌动的人潮中，忽而被推至这边，忽而又被挤到另一边，眼里所见，耳中所闻，皆是来自民间最接地气的喧闹。或有可能，他们还会在街边小摊买些串串、烧烤、糕点，边走边吃，又忽而被乱窜乱挤的孩童撞翻，衣领或胸口顿时一摊污渍。护从要将孩子捉来赔罪，却被中宗拦住。中宗鲜见地慈善，他享受这种震天的喧嚣，这种拥挤、热闹。

被自己的母亲流放房陵多年，那些孤寂而恐惧的日子，在他心底留下一个深深的洞，需要许多许多的热闹来填充。臣属只看到这位皇帝的不着调，鲜有人能体会那十余年流放岁月对他的影响。

即便身为妻子的韦后，想来也不能理解了。当年落难房州，叫天天不应，叫地地不灵，又时时面临母后的刺杀威胁，中宗一度精神沉郁，几近崩溃，是韦氏鼓励丈夫："祸福倚伏，宁失一死，何遽如是！"李显感激妻子患难中的不离不弃，谓韦氏："异时幸复见天日，当惟卿所欲，不相禁御。"（《资治通鉴》）他们相互扶持、鼓励，度过了最艰难的岁月。如今，苦难过去，锦绣无边，两人心境却已经不同了。一个想要抓紧时间享受这尘世的欢乐，另一个则野心勃勃，誓做第二个女皇。

韦后要做女皇，身为皇帝的丈夫便是第一要被利用、牺牲的对象。

景龙四年（710）六月初，中宗暴崩。

某日深夜，中宗在神龙殿批阅奏章。其时，距上元灯会有些时日了，寒食、清明的游春踏青，秋千、蹴鞠等宫廷派对，皆告一段落。慈恩寺的牡丹花期也过了，长宁公主府的美景已赏过许多次，不新鲜了，重阳登高还得等一段日子。无热闹可寻，那就看看奏折，奏折里臣僚们互相戳起是非来，有时看着也蛮有趣味。

奏章没看几行，便呵欠连连，肚子也咕咕叫了。呼唤左右，不见人，不知小子们躲在哪个角落里打瞌睡。随着一声娇滴滴的"父皇"，安乐公主走进来，端着一盘香喷喷的汤饼。中宗一看见自己最疼爱的女儿亲自来送饼，眉毛展开了，眼睛笑弯了，赶紧扔下奏章，吞下饼……

这宗毒饼谋杀案，《资治通鉴》记载如下："散骑常侍马秦客以医术、光禄少卿杨均以善烹调，皆出入宫掖，得幸于韦后，恐事泄被诛；安乐公主欲韦后临朝，自为皇太女；乃相与合谋，于饼餤中进毒。六月，壬午，中宗崩于神龙殿。"马秦客懂医，会下毒，杨均善烹调，会做饼，为防韦后闺中秘闻为中宗所知，两人通力合作，一个做饼一个下毒，安乐公主没当上皇太女，正一肚子不乐意，便自告奋勇地给老爸送毒饼……

当代历史学者们又提供了另一种解读：中宗暴崩，并非死于毒饼，而是突发疾病，一如当年他哥哥李弘的暴卒。再，李唐家族有心脑血管疾病的遗传病史，高祖、太宗、高宗均有此病，且都逝于五十来岁，中宗宾天时五十二岁，从死亡年龄看，并不比先辈蹊跷。而且，其时韦后羽翼尚未壮大到能一脚踢开中宗的境地，相王李旦和太平公主兄妹俩势力不容小觑，就这么弄死他们的哥哥，那就不仅是公开为敌，简直是要逼得兄妹俩立即开战，血拼到底。于公于私，他们都绝不能容忍韦后如此猖狂。总而言之，这还不是让中宗消失的最佳时机，韦后他们似乎不会这么急于下手。

中宗之死成谜，存疑。但天子暴崩，储君未立，帝位空悬，已成既定事实。韦后心怀鬼胎，指派左右，封锁消息，可宫中耳目、眼线众多，该知道的人立即便会获得消息。这就仿佛一颗威力甚猛的炸弹，从天而降，直直落在了中宗宫廷，轰然巨响，然，画面静音了，所有人只看到滚滚黑烟。

画面继续静音，镜头移到上官府邸。婉儿或在读书，或在煮茶、写字，或在整理母亲牌位前的供品。景龙三年（709）十一月，上官婉儿母丧期内，中宗为照顾她的孝行，特降为婕妤，谓"孝高百行，顷罹创巨，爰命权夺"（《全唐文》）。府内清寂，灯烛寥落，母亲魂灵未远，上官府邸许久都未张灯设宴了。只见一个丫头从画外匆匆走进，伏在上官婉儿耳畔低语，婉儿手中毛笔，笔锋一挫，墨汁晕染一大片。旋即，婉儿在房内疾走。

上官婉儿的一生，天生的下属，注定只能辅佐某个人。因之，她的政治生涯，又是由一次又一次的抉择组成。

第一次，选择加入武后阵营。

第二次，选择与李唐宗室合作，参与神龙政变，推翻武则天。

第三次，神龙政变后选择辅佐中宗。

第四次，中宗庸懦，选择顺势而为，依附韦武一党。

每一次抉择，都可谓行走在血光边缘，既考验判断力，又是赌博。要么一朝在君侧，要么满盘皆输。是荣华与阶下囚的抉择，也是生路与死路的抉择。那些先后遭贬、流放岭外的许多官宦，谁又没有做着仕途青云的大梦？却因在抉择中，站错了地方，最终为局势中的旋涡所吞没。

太子李重俊政变后，上官婉儿知道即将面临新的抉择。是继续辅佐韦后，还是另谋出路？她逐渐疏离韦后党羽，专注于规制修文馆，观望时局。然，没想到第五次选择，就这样劈面而来。

中宗暴崩，时局立即变得凶险万分，何去何从，上官婉儿必须做出决定。画面中，婉儿突然停住脚步，眼眉一抬，目光凌厉，即刻转身入内。

与太平公主联手

一死激起千层浪。中宗暴崩，储君未立，帝座空置，韦后党羽立即展开行动，力求上位。

历来继承大统，讲究名正言顺。名不正则言不顺，无端授人以柄，便是给对手创造机会，这个道理韦后自然懂得。只是中宗死得太着急，根本就没留下所谓"遗诏"。不过，这个也不难，矫制就是。她器重的上官婉儿最擅长此类业务。

韦后召见上官婉儿，如此这般、这般地交代了一番，至于措辞、分寸的拿捏，自是上官婉儿的工作。韦后的意图很明显，立中宗十六岁的小儿子李重茂为傀儡皇帝，自己模仿当年的武则天，临朝称制。

不管李唐江山，还是上官婉儿的人生，又到了一个紧要关口。

上官婉儿领命制诏——虽然不情愿。

领命矫制中宗遗诏，她自是无法推拒，几经揣摩后，上官婉儿想到了一个人——太平公主。就如同神龙政变，她选择与太平公主合作，将宝押在李唐宗室，现在看够了韦后母女的表演，还是觉得李家人坐这个皇位更靠谱一些。

太平公主，《旧唐书》卷一八三《外戚传》载："二十余年，天下独有太平一公主，父为帝，母为后，夫为亲王，子为郡王，贵盛无比。"用学者蒙曼的话说，她是中国历史上最传奇的公主，"有一个皇帝父亲（唐高宗）、一个皇帝母亲（武则天）和三个皇帝哥哥（孝敬皇帝李弘、唐中宗李显、唐睿宗李旦），但是，她最大的理想还是自己当皇帝"。史载，太平公主"丰硕，方额广颐，多权略，则天以为类己"，不论长相还是政治谋略，都得到武则天的嫡传。简言之，绝不是个好惹的善茬。

此时，看到韦后沸腾的野心，太平公主决然是坐不住了。先不说她自己的皇帝梦想，若韦后歪打正着坐上了皇位，不管她太平公主是大唐公主，还是武家儿媳，她都要彻底出局，没戏了。而且连带她的丈夫、儿女乃至全族都会被斩草除根。这又到了你死我亡的危急时刻了。

太平公主磨刀霍霍。上官婉儿暗中接洽，两人一拍即合。有了在神龙政变中成功合作的经验，这一次自是水到渠成。

史载，上官婉儿与太平公主经再三斟酌、磋商，起草的中宗遗诏中，满足韦后提出的两个要求：第一，让十六岁的李重茂接班当皇帝；第二，如同当年高宗在遗嘱末尾所言"军国大事有不决者，兼取天后进止"（《资治通鉴》），此遗诏也明确提出韦皇后辅政。但出乎韦后的意料，婉儿与太平又在诏书末尾增加一条：相王李旦参谋政事。也即说，韦后是辅政了，但不能完全自己说了算，遇事还得与相王商量。这一下，相王代表李唐宗室，终于在韦后临朝独断的野心上，获得了制衡她的机会。这至少也是为李家争取到了一个博弈的平台。

成全韦后野心的同时，兼顾到李家利益，这是婉儿能想到的最合适的应对当前困局的方式。作为下属，身后又没有任何扶持，上官婉儿从来不能左右政局，她只能尽己之力，为她属意的一方制造机会。再，婉儿联络太平公主，既为商议，也是需要她来做自己此次投诚李唐的见证者，就像六年前的神龙政变。太平公主享有盛望，是李家代表，不管将来李家谁做皇帝，婉儿都需要太平公主为她说项。不得不说这是一步好棋，一个十分周全的考虑。

上官婉儿起草这份遗诏之后，并没有直接交给韦后，而是先把它拿给群臣加以讨论，《大唐新语》卷三记载了这件事：

> 遗诏令韦庶人辅少主知政事，授相王太尉，参谋辅政。

> 宗楚客谓韦温曰："今皇太后临朝，宜停相王辅政。且太后于诸王居嫂叔之地，难为仪注，是诏理全不可。"苏瓖独正色拒之，谓楚客等曰："遗诏是先帝意，安可更改？"

试想韦后读到这则遗诏的反应，我们可再借助影视剧中此类场景的表现方式。

韦后腾地站起，把遗诏紧攥在手里，紧跟着掷到地上，恨恨道："大胆上官！"言下之意是，你吃我的穿我的用我的，我还在宫外送你一套别墅——关键时刻竟摆我一道，上官昭容，有你的！

她的党羽韦温、宗楚客等拱手站立一旁，不敢出声，静待主子发完脾气。片刻之后，韦后恢复皇后威仪，下巴微抬，凌厉地环视旁边的人。"你们——"她挺直脊背，在凤榻缓缓坐下，"有何想法！"语调尽量镇定，她也许想到了婆婆武则天，她现在一举一动都在刻意模仿她记忆中婆婆的姿态。

宗楚客与韦温两位宰相的建议是，联合其他的宰相，联名上疏，请求废除遗诏，皇后直接摄政。把相王李旦踢出去，用其他的方法给予安抚。比如继续给李旦升官，升为一品太尉，没法再升了，再给他的儿子们升官，如封李旦长子李成器为宋王。

好。韦后微微颔首，又站起身，高傲地俯视着两位宰相。光宅元年（684），武则天在紫宸殿里正式临朝亲政，应该也是用这种眼神看她的臣属吧。现在，景龙四年（710），这天下又该改姓韦了。韦后决定改年号唐隆以纪念新女皇的横空出世。

行动立即展开。韦后党羽暂时封锁中宗宾天的消息，为顺利摄政做足准备。韦后派心腹宰相前往东都洛阳，稳定形势，防备西京长安进行政权交接时东都生变。又，派五百兵丁奔赴均州，严加看管中宗另一个更为年长更有资格继位的儿子李重福，防其反叛作乱。再，控制政府和军队，将自己信任之人安插在政府核心位置，召集五万府兵在长安集结，随时候命。整个长安，从皇宫到街坊，被韦后箍得像个铁桶。

完成所有部署，最后韦后才悲痛万分地昭告天下，中宗宾天，遵遗诏，立李重茂为太子，发丧后立即登基。同时，改元唐隆。

李家在行动

景龙四年（710）这个六月，时间似乎过得特别缓慢。长安进入夏季，西北盛夏特有的亮烈阳光，似乎能烘干一切暗处滋长的潮湿的阴谋。但当人身处其中，分明又能感觉到那丝丝缕缕的寒气，从墙上、柱子、雕饰、檐角弥散开来，弥漫在宫墙内外。

六月过去不到十天，宫中已经接连发生两件大事。月初中宗暴崩，随即韦后摄政，眼看着这天下又将改姓了。韦后的五万府兵整装待戈，每日在长安街列队而行。军队所经之处，甲胄与武器在烈日的反射下，灼灼，熠熠，一片白光中蒸腾着新的杀机。

京城百姓也是见过大场面的，神龙元年至今已经历过几次政变，皇帝从武则天换成中宗，现在又将换人。但不管皇帝由谁当，那离他们的日常生活很遥远，他们平静又淡漠地望望眼前刺目的白光，回头又忙自己的事去了。

热衷政治的八卦者自会在人群低声传播，韦后临朝，新一轮政治清洗即将开始。距垂拱年间武则天对李唐宗室的剿杀，也才二十余年。滚落在地的新鲜人头，空气中终日弥漫的血腥，流放路上惨绝人寰的悲号，人们都还来不及忘记。

但在韦后党羽宣读被篡改的遗诏时，李唐宗室，不论相王李旦还是太平公主，都没有出面阻止。皇宫静极，长安静极。静得太不寻常，以至这静也显得狰狞、惊悚，似乎下一秒这绷紧的静就能爆裂，瞬时变幻出绝大的杀戮。

上官婉儿明白，自己也逃不脱韦后的屠刀。她们已然对立，不是你死就是我亡。

再难有一个完整的睡眠。此时身居皇宫的上官婉儿，想必仍会在表面继续她惯有的工作生活模式，仍会在灯下看书，或在藏书楼辗转。偶尔心中的慌乱一闪而过，便会进入内室仔细查看那份矫制遗诏的备份是否安然。以她长年练达的双眼，对韦后这个野心蓬勃又智商不足的女人已有充分了解，知其不会遵从遗诏，知其必会孤注一掷，篡改遗诏强行上位以至惹祸上身。上官婉儿多了一个心眼，留下遗诏草稿。

这遗诏备份既是一份保命书，也是一枚橄榄枝。

风暴将至，她必须为自己找好栖息之所。

有人认为，这是上官婉儿又一次狡兔三窟，为己留后路的政治投机行为。上官婉儿一生，屡次站队，依附不同的阵营，她从来没有政治节操。然，讲政治节操，要人用生命去守护的所谓节操，也是有前提的。那就是归宿感。对一个在任何阵营都勤勉工作，但每到关键时刻，只得靠自己十万分努力才能保全自己的人，你不能要求她忠贞。因为没人忠贞于她。

水中看树影，风里听松声。又一次，她需要捕捉山雨欲来、风中隐含的信息。那风送来了尘腥味、血腥味，但也许，还有希望。

也许过去的那么多年，在纷纭的政治斗争中疲于应付，都不曾仔细留意过岁月在眼角落下的痕迹。也许也曾有过那么一天，在镜里愕然发现第一根白发，也发一会儿怔，轻轻叹口气。每天依旧很认真地贴好眉心的花钿，遮掩黥面留下的疤痕。母亲在世时或会经常凝视她的眉心出神，美丽的花钿之下，写着她的身世和命运。好在母亲已于前一年去世，她不用再经历又一轮斗争中的担惊受怕，也永远不用再在心里预演白发人送黑发人的悲恸……

李家在行动。

上官婉儿知道，太平公主和临淄王李隆基已在策划废黜韦后。然，兵变的诡谲之处正在于，纵然策划滴水不漏，不到最后一刻，谁也不会知道结果。政治本身就意味着变数，无穷可能。谁也不曾料到，太宗皇帝会一手扶持仁顺的李治上位，他曾经的才人武媚娘，因而才有了横空出世的机会。谁也不曾料到，女皇铁腕一生，最终，武周王朝也只能黯然退出历史。谁也不曾料到，替李唐清除武三思这个孽障的，竟是李重俊这样一个整日只知斗鸡走狗的少年人……

要想知道最后的结果，只有一个方法：等待。

710年，旧历六月，上旬。那半个多月无法入眠的深夜，想来上官婉儿一定会凭栏而立，听宫外原野的虫鸣，听宫内每一滴声响，等待来自黑夜的讯息。在这等待、观望与聆听中，婉儿的目光，或会从头到尾次次抚摸这座雄丽的大内皇宫。这是她生活四十多年的地方。她熟悉这里，每幢建筑，每处角落的秘密，禁苑的花开、花落，一岁、一荣、一枯。

甚至这些等待与聆听，上官婉儿都是熟悉的。神龙元年的那些冬夜，她一定也在深夜里辗转过，反复思虑过。她知道有时候只能等待。她知道那一刻很快就会到来。

但这一次，她只猜到了开头。

第十五章 猜错了结局

游鲁馆，
陟秦台。
污山壁，
愧琼瑰。

——《流杯池》之十五

鲁馆，贵族女子出嫁时临时的外住之所，源《春秋·庄公元年》。春秋时，鲁庄公主持周王姬的婚事，派大夫将王姬送往鲁国，先在城外筑馆住下，后才又择日送至齐国与齐侯成婚。此处，鲁馆喻长宁公主府。

秦台，亦名蒲台。传秦始皇二十八年（前219），始皇帝为求长生不老药，遣童男童女数千人，赴海上神山求之。久不闻讯息，始皇下令各路大军每人一盔土，米浆合之，筑台以望。据说伫立此处，渺茫之中的蓬莱仙境，似也近在咫尺。璧，通"璧"。山璧，疑为一种玉石摆件，雕有人物、动物或山石、花鸟。光泽夺目，精美绝伦。琼瑰，亦是一种美石，价值次于玉石。

这是《游长宁公主流杯池二十五首》最后一首。此诗盛赞长宁公主宅邸的美景、收纳的珍宝，赛过始皇当年在秦台遥望的蓬莱仙境，就连山璧、琼瑰，也相形见绌。首句"游"字平起，紧跟着，四个动词连用，"游"到"陟"，暗示地理位置变动，由低到高，继而带动观景情绪的攀升。

"污"已然是饱满的感喟，而最后的"愧"，一声浩叹，铿锵之后，余音袅袅，使这"愧"字居然也惊心动魄起来。让人在回味中又惊觉，即便山璧、琼瑰这样的凡间美石，能有幸与鲁馆美景、珍宝比较，已是生而无憾的。

一如世间，有人作为胜者留名，有人也可以作为胜者的对手留名。

作为对手并不总是遗憾，每个人都有自己的战场。

少年李隆基

李隆基，排行第三，人称三郎。三郎家世可用一个故事呈现：

话说长寿年间，某日，不足十岁的三郎独自驾马，前往京郊牡丹名园赏花。不料，牡丹园早被京城一群纨绔子弟强占，寻常百姓不得靠近。李隆基大怒，策马扬鞭，直接冲进那群公子哥中。众公子吓了一跳，忙命奴仆将其团团包围，又磨刀霍霍：何处来的大胆小子，还不赶快下跪求饶！不然，哼哼，爷的刀可不长眼睛的哦！

李隆基缓缓勒住马缰，悠悠报上家门：我曾祖父是皇帝唐太宗，祖父是皇帝唐高宗，祖母是女皇武则天，父亲是相王，我是御封的临淄王……话还没说完，转身一瞧，周围一个人也没有，全被吓得没影了。

由此故事，可得出两个结论：

第一，与古代众多"天将降大任于斯人也"的伟人一样，李隆基从小就不是省油的灯。

又如天授三年（692），李隆基仅八岁，带领自己的卫队拜见祖母武则天。其时殿上值勤的将军，乃武则天的堂侄武懿宗。武家人向来见不惯李家人一副"我乃李唐宗族，你们这些篡权小人"的嘴脸，有事没事都会惹一下刺一下。看到这个八岁的小不点，自然不会放过。武懿宗大声呵斥，说卫队不懂规矩，要训诫一番。李隆基威严回击："吾家朝堂，干汝何事？敢迫吾骑从！"（《旧唐书》）还是那副"我乃李唐宗族，你们这些篡权小人"的嘴脸，竟把武懿宗给唬住了，无言以对。

此事让李隆基声名大噪。据说武则天听闻后，从此对他另眼相看，允其开府置属。英雄与英雄，都不是省油的灯，想来是会襟怀相契、惺惺相惜的吧。

第二，十岁不到的孩子大约是不懂得赏花这种事的。李隆基驱马闯牡丹园，当是蓄意为之，明显是奔着显摆去的，也许就是为了说出"我是御封的临淄王"，再看这群家伙吓得屁滚尿流的样子。这事很可能发生在李隆基刚被封临淄王不久，还能小小放纵一下。紧跟着家里连遭变故，他怕是也没心情傲娇了。

先是长寿二年（693）正月初二，李隆基母亲窦妃与刘妃进宫拜年，结果到嘉豫殿参拜婆婆武则天后，就人间蒸发了，据载是"既退而同时遇害"（《旧唐书》）。婆婆好手段，窦妃尸骨到底存无，有无葬处，皆无人可知。多年后，当相王李旦成为睿宗李旦，想好好安葬自己的夫人，都不知去哪儿招回冤魂。

同年八月，父亲李旦又为人诬告怀谋逆之心，虽终有天助，逃过一劫，然父子俩受此牵连，又遭软禁前后数年。直至圣历二年（699），武则天没劲折腾了，决定还政李唐，立李显为太子，李唐宗族才终于获得自由。李隆基整个少年时代，前后三次遭武则天软禁。

窦妃给武则天拜年，一去不回，李旦连进宫问讯都不敢，府邸上下也一律封口，严禁任何人提及，仿佛生活如常，未有异样。然，对八岁的三郎而言可大不同，那是有母亲和没有母亲的差别。

据载，从此李隆基由姨母窦氏照料、抚养，李隆基与其感情异常深厚。

虽无更多史料可详查，依常理也能推测李隆基其时的无助、惶惑。那或许就像，他站在灯火明朗的堂内，那是他的世界，从堂内望出去，是无尽的黑魆魆的夜。他大约还理不清其中的脉络，只有一些破碎支离的细节飘浮在茫茫黑夜里。父亲的恐惧，姨妈的恐惧，府邸上下所有人的恐惧，"窦妃""母亲"成为禁忌，祖母目不转睛看定他时的神情……

年幼的三郎，或曾悄悄询问过姨母，母亲到底去哪儿了，姨母或会惊恐地捂住他的嘴。每逢入宫觐见祖母，李隆基是否曾心怀期冀，小心留意宫中每一个人，幻想母亲会从哪道窄门笑盈盈走出，告诉他自己只是待在宫里侍奉婆婆。又或者哪日，祖母身畔那位叫作上官婉儿的女人，突然换成自己的母亲。

这个叫上官婉儿的女人与祖母不同。祖母似亲近非亲近，一时以女皇自居，一时又变成祖母，全看她心情。那个上官婉儿，却总是高高在上，俯视着他，神情漠然。偶尔，头颈忽然略略歪一下，嘴角一抹难以察觉的微笑，又随即陡地收住，复归漠然。三郎困惑了许久，终于想清楚，她只是在测试，看他是否在观察她。

年深日久，所有期待与幻想自然会被现实击得粉碎。然，李隆基毕竟有慧根，日日不动声色地观察、思量，暗夜里那些支离飘浮的细节，也终于被整理、归档。心机、城府日渐深沉。当他从武则天的朝堂退下，眼见得祖母一日比一日衰朽，心中或会萌动某种心思。当他穿越二十一载的年龄差距，与上官婉儿的目光偶然相遇，那看似不经意的一瞥中，是否已暗藏终局？

史称，玄宗一朝，李隆基着力规训后宫妃嫔，以至矫枉过正，导致宦官势力膨胀，这实与他年少吃了女人们许多"苦头"有关。这"女人们"自然包括：武则天、上官婉儿、太平公主、韦皇后、安乐公主。

世事并不总是难料。人谓狭路相逢，其实早已种下因果。

唐隆政变

先天二年（713）七月三日，太平公主与李隆基决战。太平公主败，亡命终南。辗转三日，太平公主下山，接受自己最终的命运：三尺白绫。此次政变史称"先天政变"。《剑桥中国隋唐史》评论道，太平公主"以一贯的谨慎拟定了计划。如果她是男子，能够亲自执行计划，她很可能成功。相反，她必须依赖别人"。

手中无权，无法调动一兵一卒，无法亲临指挥，连现身都不可能，因此，不论计划制定多么严密，最后，她必须依赖男人来执行。也即，在那个时代，不论什么样的兵变中，哪怕她是结盟者，最后，"她"的命运都掌握在"他"手里。先天政变中的太平公主如此。唐隆政变中的上官婉儿亦然。

唐隆元年（710）六月二十日，政变爆发。

唐一代，所有宫廷政变，都有几个关键词：策反相关人士，收服禁军，抢占玄武门，杀人。此次政变亦不例外。在此之前，太平公主制定了周密计划，部署均已到位，该收买该招降的，无一纰漏。

六月二十日，申时，李隆基身着便服，与刘幽求一道，提前潜入皇宫禁苑，埋伏于宫城苑中监钟绍京家里，为就近安排政变事宜，也是临场指挥，稳住阵脚。

向晚，借着暮色，归顺李隆基的万骑营长葛福顺、李仙凫率部分禁军，埋伏玄武门附近，等待李隆基命令。

近二更时，刘幽求谓葛福顺："天意如此，时不可失。"葛福顺领命，率军杀入羽林营，斩首韦家子弟，夺取禁军指挥权。

然后，李隆基再令葛福顺率左万骑，攻玄武门，李仙凫率右万骑，攻百兽门，然后会师凌烟阁。

三更时分，左右万骑成功会师，整座皇城皆在掌控中，李隆基领兵肃清宫内政敌。

此时，过惯了夜生活的安乐公主，"方照镜画眉"，兵士冲进去，眉未画完，人头便已落地。公主的丈夫武延秀，亦被拖至肃章门，斩首示众。

韦后已于梦中惊醒，一溜烟地跑出寝宫。她已有了应付宫廷兵变的经验：跑，跑向玄武门城楼。她记得上次就是这样得救的。但没跑两步，便被一名飞骑砍了头。首级立时献给李隆基，以验正身。

以韦后的智商，她到死想来都不会明白，自己每一个步骤，都取自武则天，所有部门、禁军皆在掌控中，长安城还有她五万府兵，可谓万无一失了。可箍得那么紧的铁桶，为何突然就四面漏水，倏忽之间，连桶都直接崩掉，到底哪里出了错？

刀剑铿锵，人声鼎沸，士兵高声喧哗，欢呼胜利。上官婉儿穿戴整齐，她知道她等待的时刻到了。

众兵士提剑，欲闯上官婉儿居所，没想大门已然打开，上官婉儿现身廊下，手持烛台和遗诏草稿，率宫女出门迎接。其时宫内早已杀声雷动，血腥冲天，一团乱麻中，却见一列娉婷宫女，不为杀伐声所惊，翩然而来。一时间众将士竟有些困惑了，不知如何是好。斩首安乐公主、韦后等人，刀起头落，毫无障碍。此刻，他们被上官婉儿的从容镇住了，不敢妄动。

史载，兵士请来将领刘幽求，眼见上官婉儿镇定地唤一声刘将军，奉上遗诏草稿。刘幽求一见遗诏，便知此事重大，亦不敢贸然做主，必须请示李隆基。

是生是死，又到千钧一发的时刻。这般险境，上官婉儿已经非常熟悉，她的先辈们也都曾亲历。每一次都是飞蛾扑火，瞬时间景况丛生。有的人能抓住一线生机，在火的边缘飞速掠过，最终安然。有的人错过了，计算失误，判断失误……

李隆基略有犹疑，终，一声令下，挥刀而至。

古代帝王政治中，臣属是剑、是戟，是武器，往好里用，还是往坏里用，都看这把兵器握在谁的手里。本质上，上官婉儿与她的同僚们，如张说、魏元忠等人，并无不同，皆服务于自己主子，为主子所用。而且上官婉儿的过人之处，在武周、中宗朝的作为，有目共睹，李隆基何等聪明，不会不明白。

然，李隆基的天下，容不下上官婉儿。据学者们推测，基于两点原因：

第一，上官婉儿与太平公主的关系，过从甚密，又年深日久。此时，李隆基的野心远不是扶持父亲李旦当皇帝。而他若想上位，太平公主便是劲敌。将这样一个厉害人物留与太平公主，或者他人，无异于自设障碍。

第二，基于少年阴影，李隆基誓要彻底终结初唐"女祸"。无论韦后、安乐公主，还是上官婉儿，甚至姑姑太平公主，原本就在他的黑名单中。三年之后他发动"先天政变"，又将太平公主消灭，也是这个缘故。

除去这两个原因，恐怕还有第三个因素：臣属与主子，基于立场不同，看待问题的视角原就不同。遗诏备份，在上官婉儿看来，是橄榄枝、是投诚。但对于这个自少年起就对她怀有恨意的李隆基，正因这份投诚之礼，合乎情理，他更会被激怒，被她的高妙手段激怒。没有人喜欢被要挟，兵权在握的人更不喜欢，他们发泄这种懊恼的方式，往往就是：杀了你。

韦后等即使被诛，也未被李隆基饶恕，而是被贬为庶人，而上官婉儿，在其殁后，继续保有"昭容"封号，并委派张说编撰其文集。张说在《唐昭容上官氏文集序》中写道："古者有女史记功书过，复有女尚书决事宫闱，昭容两朝专美，一日万机，顾问不遗，应接如响。虽汉称班媛，晋誉左嫔，文章之道不殊，辅佐之功则异。"上官婉儿以妃嫔身份，行辅佐之事功，岂是班婕妤能比拟的？无疑，这也代表了李隆基对上官婉儿的肯定。

综合以上三点原因，一言以蔽之，李隆基欣赏上官婉儿的政治才能，然而生为女人，她必须死。上官婉儿未必没有料到李隆基这一手，但也只能这样了。她只能把自己的命运交到李隆基手里。

飞蛾扑火的边缘，有人死于计算失误、判断失误，而上官婉儿，死于自己的性别。

手起刀落，霎时间，脖颈飘出一阵血雾，意识迅速抽离、丧失的刹那，时空混乱，往事或会如风雷般涌聚。

遥远的，近来的，熟悉的，模糊的，怀念的，遗失的，愉悦的，悔恨的，终于释怀的，终难释怀的，始终难想起的祖父、父亲的脸，随风飘散的隐约的呼救、悲泣，临死前最后一声柔软的卑弱的轻叹，又像是对众生的怜悯……那飞腾的血雾，也自会触发家族血液里的记忆。一次次刀光剑影，铤而走险，一次次被杀、被株连，然，无论如何，永远也磨灭不了上官家族不甘人后、追逐权力的野心。

祖上上官桀，汉武帝时期的重要人物，临终受皇帝遗诏委托，协助将军霍光，辅佐年幼的汉昭帝。昭帝元凤元年（前80）九月，上官桀勾结御史大夫桑弘羊、燕王刘旦等发动政变，以铲除霍光。然，兵败被杀。

曾祖上官弘，生于北周建德二年（573），官至隋朝北部郎中及江都宫副监。隋大业十四年（618），上官弘随隋炀帝巡游江南。在大将宇文化及、宇文智及等在江都发生的兵变中，与次子上官谨一起被杀。

祖父上官仪，上官弘长子，唐朝著名御用文人，宫廷诗"上官体"的开创者，历任弘文馆直学士、秘书郎、起居郎、秘书少监、太子中舍人。龙朔二年（662）拜相，授西台侍郎、同东西台三品。唐高宗麟德元年（664）那场著名的家务事中，上官仪为武后所杀。其子上官庭芝也牵连被杀。

上官婉儿，上官仪之孙女，上官家唯一的女公子。辅佐女皇，独当中宗朝制敕之责，称量诗坛，史谓"女中宰相"，710年唐隆政变中，为临淄王李隆基斩杀。

我来过

多年前，祖父上官仪曾写过一首诗：

> 曙色随行漏，早吹入繁笳。
> 旗文萦桂叶，骑影拂桃华。
> 碧潭写春照，青山笼雪花。

第一联、第二联写初春景象。曙光中，柔弱又生命力柔劲的春色，以毋庸置疑的节奏徐徐展开。尾联对仗乖离，"碧潭写春照"已然一派明媚春光，然雪花突至，似又倏地回到冬的荒寒中。

末句"青山笼雪花"，为汉学家宇文所安称赞为"特别优美的诗"。青山坚固，雪花旖旎，然，在苍黑、静默却似永恒的山脉前，雪花的生命，终只有轻轻一瞬。青山对雪花，只一个"笼"字，乖巧近媚，又有四两拨千斤之力，让人徒增唏嘘。用宇文所安的话说，"零落的雪花似乎被巨大、坚固、充满生命力的青山禁锢住了"。

在历史悠久、磅礴的皇权时代，上官婉儿的生命际遇，就如一片雪花，转眼堕入虚空，不留痕迹。然，仍有那么一瞬，雪花兀自起舞，乘长风飞扬。

武则天弥留之际，遗嘱里曾提到，赦免王皇后、萧淑妃两族以及褚遂良等人。一代女皇高傲地原谅了所有受她迫害致死的人。也许只因这恨曾经消耗了她太多的生命能量，冷酷又狠绝，因而也刻骨铭心，也伤到她自己，因而最终选择原谅、选择释怀。

想来，上官婉儿也会原谅，原谅所有她爱过也恨过的人。她会首先原谅李隆基。倘若再有一次机会，她会不遗余力置李隆基于死地。这就是他们的生存方式。不鄙视，不责难，只有行动，只有成败，只有生死。一个政治家死于别人的屠刀之下，死得其所，因为那是他的战场。

无憾。

三年后，唐玄宗与上官婉儿曾经的同僚们，一起迎来了开元之治。唐一代，历经高祖、太宗、高宗、武则天、中宗、睿宗，积累了近百年，王朝的盛世华章，正从未来款款而来。这新时代的风云际会，咫尺之遥，婉儿终究也无缘了。

甫瞻松槚，静听坟茔，千年万岁，椒花颂声。

悠悠荡荡的时光中，祖父上官仪似又从那个清秋黎明，从东都洛堤，飘然而来。

> 脉脉广川流，驱马历长洲。
> 鹊飞山月曙，蝉噪野风秋。

光阴荏苒，浩荡又沧桑。

万丈红尘，埋有多少爱恨情仇。朗朗乾坤，藏有多少未竟之志。然，寰宇无际，古今浑茫，那无数的故事，都只好留与世人评说。

其中一则，一定始于这样的开头：宅邸深处，传来年老女仆报喜的朗阔语调："恭喜老爷，得了一位女公子。"

女公子，复姓上官，名婉儿。

附 录

大唐故婕妤上官氏墓志铭并序

　　夫道之妙者，乾坤得之而为形质；气之精者，造化取之而为识用。挺埴陶铸，合散消息，不可备之于人，备之于人矣，则光前绝后，千载其一。婕妤姓上官，陇西上邽人也。其先高阳氏之后。子为楚上官大夫，因生得姓之相继；女为汉昭帝皇后，富贵勋庸之不绝。曾祖弘，随（隋）藤（滕）王府记室参军、襄州总管府属、华州长史、会稽郡赞持、尚书比部郎中，与穀城公吐万绪平江南，授通议大夫。学备五车，文穷三变。曳裾入侍，载清长坂之衣冠；仗剑出征，一扫平江之氛祲。祖仪，皇朝晋府参军、东阁祭酒、弘文馆学士、给事中、太子洗马、中书舍人、秘书少监、银青光禄大夫、行中书侍郎、同中书门下三品，赠中书令、秦州都督、上柱国、楚国公、食邑三千户，波涛海运，崖岸山高，为木则揉作良弓，为铁则砺成利剑。采摭殚于糟粕，一令典籍困穷；错综极于烟霞，载使文章全盛。至于跨蹑簪笏，谋猷庙堂，以石投水而高视，以梅和羹而独步，官寮府佐，问望相趋，麟阁龙楼，辉光递袭，富不期侈，贵不易交。生有令名，天书满于华屋；没有遗爱，玺诰及于穷泉。父庭芝，左千牛、周王府属，人物本源，士流冠冕。宸极以侍奉为重，道在腹心；王庭以吐纳为先，事资喉舌。落落万寻之树，方振国风；昂昂千里之驹，始光人望。属楚国公数奇运否，解印褰裳，近辞金阙之前，远窜石门之外，并从流进，同以忧卒。赠黄门侍郎、天水郡开国公、食邑三千户。访以荒陬，无复藤城之橡；藏之秘府，空余竹简之书。婕妤懿淑天资，贤明神助。诗书为苑囿，捃拾得其菁华；翰墨为机杼，组织成其锦绣。年十三为才人，该通备于龙蛇，应卒逾于星火。先皇拨乱返正，除旧布新，救人疾苦，绍天明命。神龙元年，册为昭容。以韦氏侮弄国权，摇动皇极。贼臣递构，欲立爱女为储；爱女潜谋，欲以贼臣为党。昭容泣血极谏，扣心竭诚，乞降纶言，将除蔓草。先帝自存宽厚，为掩瑕疵，昭容觉事不行，计无所出。上之，请摘伏而理，言且莫从；中之，请辞位而退，制未之许；次之，请落发而出，卒为挫衄；下之，请饮鸩而死，几至颠坠。先帝惜其才用，慜以坚贞，广求入膝之医，才救悬丝之命，屡移晷魄，始就痊平。表请退为婕妤，再三方许。暨宫车晏驾，土宇衔哀。政出后宫，思屠害黎庶；事连外戚，欲倾覆宗社。皇太子冲规参圣，上智伐谋，既先天不违，亦后天斯应，拯皇基于倾覆，安帝道于艰虞。昭容居危以安，处险而泰。且陪清禁，委运于乾坤之间；遽冒铦锋，亡身于仓卒之际。时春秋四十七。皇鉴昭临，圣慈轸悼，爰造制命，礼葬赠官。太平公主哀伤，赙赠绢五百匹，遣使吊祭，词旨绸缪。以大唐景云元年八月二十四日，窆于雍州咸阳县茂道乡洪渎原，礼也。龟龙八卦，与红颜而并销；金石五声，随白骨而俱葬。其词曰：

巨阀鸿勋，长源远系，冠冕交袭，公侯相继。爰诞贤明，是光锋锐，宫闱以得，若合符契。其一。潇湘水断，宛委山倾，珠沉圆折，玉碎连城。甫瞻松槚，静听坟茔，千年万岁，椒花颂声。其二。

旧唐书·上官昭容传

中宗上官昭容，名婉儿，西台侍郎仪之孙也。父庭芝，与仪同被诛，婉儿时在襁褓，随母配入掖庭。及长，有文词，明习吏事。则天时，婉儿忤旨当诛，则天惜其才不杀，但黥其面而已。自圣历已后，百司表奏，多令参决。中宗即位，又令专掌制命，深被信任。寻拜为昭容，封其母郑氏为沛国夫人。婉儿既与武三思淫乱，每下制敕，多因事推尊武氏而排抑皇家。节愍太子深恶之，及举兵，至肃章门，扣阁索婉儿。婉儿大言曰："观其此意，即当次索皇后以及大家。"帝与后遂激怒，并将婉儿登玄武门楼以避兵锋，俄而事定。

婉儿常劝广置昭文学士，盛引当朝词学之臣，数赐游宴，赋诗唱和。婉儿每代帝及后、长宁安乐二公主，数首并作，辞甚绮丽，时人咸讽诵之。婉儿又通于吏部侍郎崔湜，引知政事。湜尝充使开商山新路，功未半而中宗崩，婉儿草遗制，曲叙其功而加褒赏。及韦庶人败，婉儿亦斩于旗下。

玄宗令收其诗笔，撰成文集二十卷，令张说为之序。初，婉儿在孕时，其母梦人遗己大秤，占者曰："当生贵子，而秉国权衡。"既生女，闻者嗤其无效，及婉儿专秉内政，果如占者之言。

新唐书·上官昭容传

上官昭容者，名婉儿，西台侍郎仪之孙。父廷芝，与仪死武后时。母郑，太常少卿休远之姊。

婉儿始生，与母配掖廷。天性韶警，善文章。年十四，武后召见，有所制作，若素构。自通天以来，内掌诏命，揆丽可观。尝忤旨当诛，后惜其才，止黥而不杀也。然群臣奏议及天下事皆与之。

帝即位，大被信任，进拜昭容，封郑沛国夫人。婉儿通武三思，故诏书推右武氏，抑唐家，节愍太子不平。及举兵，叩肃章门索婉儿，婉儿曰："我死，当次索皇后、大家矣！"以激怒帝，帝与后挟婉儿登玄武门避之。会太子败，乃免。婉儿劝帝侈大书馆，增学士员，引大臣名儒充选。数赐宴赋诗，君臣赓和，婉儿常代帝及后、长宁安乐二主，众篇并作，而采丽益新。又差第群臣所赋，赐金爵，故朝廷靡然成风。当时属辞者，大抵虽浮靡，然所得皆有可观，婉儿力也。郑卒，谥节义夫人。婉儿请降秩行服，诏起为婕妤，俄还昭容。帝即婉儿居穿沼筑岩，穷饰胜趣，即引侍臣宴其所。是时，左右内职皆听出外，不何止。婉儿与近嬖至皆营外宅，邪人秽夫争候门下，肆狎昵，因以求剧职要官。与崔湜乱，遂引知政事。湜开商山道，未半，因帝遗制，虚列其功，加甄赏。韦后之败，斩阙下。

初，郑方妊，梦巨人畀大称曰："持此称量天下。"婉儿生逾月，母戏曰："称量者岂尔邪？"辄哑然应。后内秉机政，符其梦云。景云中，追复昭容，谥惠文。始，从母子王昱为拾遗，昱戒曰："上往囚房陵，武氏得志矣，卒而中兴，天命所在，不可幸也。三思虽乘衅，天下知必败，今昭容上所信，而附之，且灭族！"郑以责婉儿，不从。节愍诛三思，果索之，始忧惧。及草遗制，即引相王辅政。临淄王兵起，被收。婉儿以诏草示刘幽求，幽求言之王，王不许，遂诛。开元初，裒次其文章，诏张说题篇。

唐昭容上官氏文集序

臣闻七声无主，律吕综其和；五彩无章，黼黻交其丽。是知气有壹郁，非巧辞莫之通；形有万变，非工文莫之写：先王以是经天地，究人神，阐寂寞，鉴幽昧，文之辞义大矣哉！

上官昭容者，故中书侍郎仪之孙也。明淑挺生，才华绝代，敏识聪听，探微镜理。开卷海纳，宛若前闻；摇笔云飞，如同宿构。初，沛国夫人之方娠也，梦巨人俾之大秤，曰："以是秤量天下。"及而昭容既生。弥月，夫人弄之曰："秤量天下，岂在子乎？"孩遂哑哑应之曰："是。"生而能言，盖为灵也。越在襁褓，入于掖庭。天实启之，故毁家而资国；运将兴也，故成德而受任。

自则天久视之后，中宗景龙之际，十数年间，六合清谧。内峻图书之府，外辟修文之馆。搜英猎俊，野无遗才，右职以精学为先，大臣以无文为耻。每务游宫观，行幸河山，白云起而帝歌，翠华飞而臣赋，雅颂之盛，与三代同风，岂惟圣后之好文，亦云奥主之协赞者也。古者有女史记功书过，复有女尚书决事宫阁，昭容两朝专美，一日万机，顾问不遗，应接如响。虽汉称班媛，晋誉左嫔，文章之道不殊，辅佐之功则异。迹秘九天之上，身没重泉之下，嘉猷令范，代罕得闻，庶几后学，呜呼何仰！然则大君据四海之图，悬百灵之命，喜则九围挟纩，怒则千里流血，静则黔黎乂安，动则苍甿罢弊。入耳之语，谅其难乎？贵而势大者疑，贱而礼绝者隔，近而言轻者忽，远而意忠者忤。惟窈窕柔曼，诱掖善心，忘味九德之衢，倾情六艺之圃，故登昆巡海之意寝，翦胡刈越之威息，璇台珍服之态消，从禽嗜乐之端废。独使温柔之教，渐于生人，风雅之声，流于来叶。非夫玄黄毓粹，贞明助思，众妙扶识，群灵挟志，诞异人之资，授兴王之瑞，其孰能臻斯懿乎？

镇国太平公主，道高帝妹。才重天人，昔尝共游东辟，同宴北渚，倏来忽往，物在人亡。悯雕琯之残言，悲素扇之空箧。上闻天子，求椒掖之故事；有命史臣，叙兰台之新集。凡若干卷，列之如左。

参考文献

1. 王卢生《大唐才女上官婉儿诗集》，中州古籍出版社，2011 年版。

2. 于赓哲《巾帼宰相上官婉儿》，陕西师范大学出版总社有限公司，2014 年版。

3. 蒙曼《武则天》，广西师范大学出版社，2016 年版。

4. 蒙曼《太平公主和她的时代》，广西师范大学出版社，2016 年版。

5. 〔英〕崔瑞德《剑桥中国隋唐史》，中国社会科学出版社，2007 年版。

6. 葛承雍《女性与盛唐气象》，北京时代华文书局，2013 年版。

7. 于赓哲《她世纪：隋唐的那些女性》，陕西师范大学出版总社有限公司，2015 年版。

8. 于赓哲《狄仁杰真相》，陕西师范大学出版总社有限公司，2013 年版。

9. 林语堂《武则天正传》，江苏人民出版社，2014 年版。

10. 董恩林《道是有情却无情——后妃争宠》，华中理工大学出版社，1994 年版。

11. 马得志、马洪路《唐代长安宫廷史话》，新华出版社，1994 年版。

12. 宁业高、宁业龙、宁耘《上官婉儿》，华夏出版社，2014 年版。

13. 许广陵《四大才女之上官婉儿传》，中国华侨出版社，2011 年版。

14. 赵玫《上官婉儿》，长江文艺出版社，2014 年版。

15. 蔡东藩《唐史演义》，中国画报出版社，2014 年版。

16. 陈若水《隐蔽的风景》，广西师范大学出版社，2009 年版。

17. 岑仲勉《隋唐史》，商务印书馆，2015 年版。

18. 邓小南《唐宋女性与社会》，上海辞书出版社，2003 年版。

19. 〔宋〕计有功《唐诗纪事》，上海古籍出版社，2013 年版。

20. 〔美〕宇文所安《初唐诗》，生活·读书·新知三联书店，2014 年版。

21. 〔美〕宇文所安《追忆：中国古典文学中的往事再现》，生活·读书·新知三联书店，2005 年版。

22. 刘连通《洛阳新获七朝墓志》，中华书局，2012 年版。

23. 谢遂联《唐代都市文化与诗人心态》，浙江大学出版社，2010 年版。

24. 荣新江《隋唐长安：性别、记忆及其他》，复旦大学出版社，2010 年版。

25. 谭正璧《中国女性的文学生活》，江苏广陵古籍印刻社，1998 年版。

26. 梁乙真《中国妇女文学史纲》，上海书店 1990 年版。

27. 段塔丽《唐代妇女地位研究》，人民出版社 2009 年版。

28. 张菁《唐代女性形象研究》，甘肃人民出版社 2007 年版。

29. 尚永亮《唐五代逐臣与贬谪文学研究》，武汉大学出版社 2007 年版。

30. 罗宗强《隋唐五代文学思想史》，中华书局 2011 年版。

31. 罗宗强《唐诗小史》，百花文艺出版社 2008 年版。